职业教育学前教育专业课程改革创新系列教材

幼儿园教育活动设计与实践

主　编　姚　希
副主编　郝　薇　刘凤芝
参　编　朱厚颖　岳　楠　王　艳　葛秋霞　王　姿
徐一涵　王煜迪　王茗茗　刘　玉

机械工业出版社

本书充分体现《幼儿园教育指导纲要（试行）》精神，内容涵盖幼儿园健康、语言、社会、科学和艺术五个方面，分为五个单元。每个单元选取幼儿园典型的活动类型。每个类型结合幼儿园实际教学开展情况，选取典型的活动设计任务。在每个任务中，学生需要掌握活动开展背景、活动目标、活动设计要求等，进而完成活动设计和模拟教学任务。

本书适合中等职业学校学前教育专业学生使用，教材充分突出学生的主体地位，通过设置案例情景、名师分享、活动设计和组织评价等模块，引导学生在做中学、学中做，不断提升学生教育教学的能力和职业素养。

图书在版编目（CIP）数据

幼儿园教育活动设计与实践/姚希主编．—北京：机械工业出版社，2020.6（2024.8重印）

职业教育学前教育专业课程改革创新系列教材

ISBN 978-7-111-65271-7

Ⅰ．①幼…　Ⅱ．①姚…　Ⅲ．①幼儿园—教学活动—教学设计—中等专业学校—教材　Ⅳ．①G612

中国版本图书馆CIP数据核字（2020）第057021号

机械工业出版社（北京市百万庄大街22号　邮政编码100037）

策划编辑：李　兴　　　　责任编辑：李　兴　邢小兵

责任校对：蔺庆翠　潘　蕊　封面设计：鞠　杨

责任印制：单爱军

北京虎彩文化传播有限公司印刷

2024年8月第1版第4次印刷

184mm×260mm・11.5印张・266千字

标准书号：ISBN 978-7-111-65271-7

定价：39.00元

电话服务　　　　　　　　　　网络服务

客服电话：010-88361066　　机　工　官　网：www.cmpbook.com

010-88379833　　机　工　官　博：weibo.com/cmp1952

010-68326294　　金　书　网：www.golden-book.com

封底无防伪标均为盗版　　机工教育服务网：www.cmpedu.com

前言

Preface

2018年11月，《中共中央 国务院关于学前教育深化改革规范发展的若干意见》（以下简称《意见》）中提出：中等职业学校相关专业重点培养保育员；前移培养起点，大力培养初中毕业起点的五年制专科学历的幼儿园教师。《意见》更加明确了中职学前教育专业在学前教育师资培养方面的重要作用。本书根据《幼儿园教育指导纲要（试行）》《3-6岁儿童学习与发展指南》《幼儿园教师标准（试行）》的精神，充分结合中职学生的学习特点进行编写。

《幼儿园教育活动设计与实践》是学前教育专业的专业核心课程之一，中职阶段和高职阶段均会开设该门课程。通过多年的教学发现，中职学生对纯理论的教学接受度不高，而在“任务导向”的教学模式下，不仅可以激发学生学习的兴趣，还可以提升其教学实践的能力，职业素养也有明显提升，使教学真正实现“有用”“有趣”“有效”的目标，也为其高职阶段的学习打下良好的基础。

本书采用“任务导向”的编写思路，充分结合幼儿园实际教学工作，利用真实发生的情景，激发学生解决问题的兴趣，引导学生在完成设计的过程中不断学习相关知识，并且利用校内外的实训基地给学生提供充足的实训机会，在不断探索与反思的过程中提升学生的教育教学能力。

本书相关教学资源，包括课件、图片、故事等已整理成教学资源包以供读者参考，选用本书作为教材的教师可登录机械工业出版社教育服务网（www.cmpedu.com），注册后可免费获得本书所有教学资源。

本书由姚希担任主编，郝薇、刘凤芝担任副主编，其中身体锻炼活动、身心保健活动、谈话活动、听说游戏、人际交往活动、科学观察认识型活动、分类活动、幼儿园歌唱活动、韵律活动内容由北京市昌平职业学校朱厚颖、岳楠、王艳、葛秋霞、王姿、徐一涵、王煜迪、王茗茗、刘玉参与编写。

本书在编写过程中参考了大量的专著、教材和论文，吸取了很多有益的学术成果，在此向有关著作的作者表示由衷的敬意和真诚的感谢。同时，特别感谢在本书编写过程中参与其中并给予帮助和支持的领导和同事。由于编者水平和经验有限，书中如有疏漏，敬请专家、同行、读者批评指正。

编　者

目录

Contents

学习单元一

健康领域活动设计与实践

单元导读

《3-6岁儿童学习与发展指南》（以下简称《指南》）指出：健康是指人在身体、心理和社会适应方面的良好状态。幼儿阶段是儿童身体发育和机能发展极为迅速的时期，也是形成安全感和乐观态度的重要阶段。发育良好的身体、愉快的情绪、强健的体质、协调的动作、良好的生活习惯和基本生活能力是幼儿身心健康的重要标志，也是其它领域学习与发展的基础。为有效促进幼儿身心健康发展，成人应为幼儿提供合理均衡的营养，保证充足的睡眠和适宜的锻炼，满足幼儿生长发育的需要；创设温馨的人际环境，让幼儿充分感受到亲情和关爱，形成积极稳定的情绪情感；帮助幼儿养成良好的生活与卫生习惯，提高自我保护能力，形成使其终身受益的生活能力和文明生活方式。幼儿身心发育尚未成熟，需要成人的精心呵护和照顾，但不宜过度保护和包办代替，以免剥夺幼儿自主学习的机会，养成过于依赖的不良习惯，影响其主动性、独立性的发展。

单元目标

1. 掌握幼儿园健康领域教育活动的目标。
2. 掌握幼儿园健康领域教育活动的主要内容。
3. 掌握幼儿园健康领域教育活动的设计要求。
4. 能够较完整地模拟组织幼儿园健康领域教育活动。

单元内容

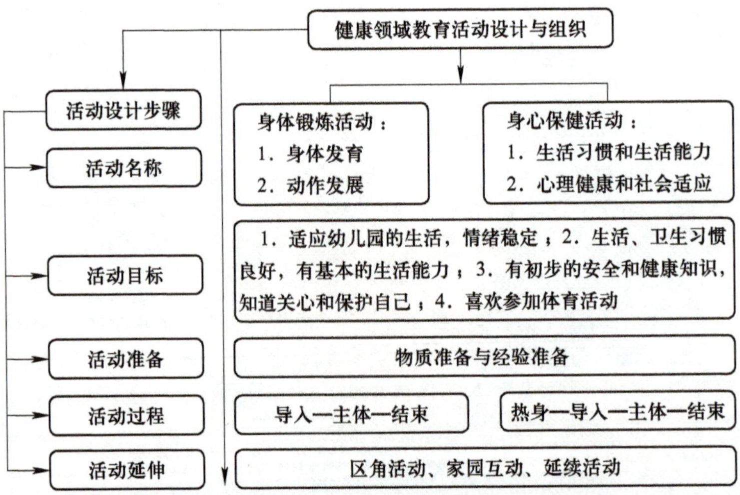

任务一　身体锻炼活动的设计与组织——小班体育活动“小白兔送礼物”

【学习目标】

1．理解幼儿园身体锻炼活动的教育目标。

2．掌握幼儿园身体锻炼活动的主要内容。

3．掌握幼儿园身体锻炼活动的设计要求。

4．能够较完整地模拟组织幼儿身体锻炼活动“小白兔送礼物”。

案例情景

根据《指南》中提出的“具有一定的平衡能力，动作协调、灵敏”“具有一定的力量和耐力”教育目标，幼儿园小班刘老师在观察自己班级孩子的动作发展后，准备组织一次体育活动，引导幼儿在双脚并拢向前跳的基础上，学习双脚分开跳以及并拢分开交替跳的动作，提升双脚连续跳的能力。刘老师设计了“小白兔送礼物”的活动，她告诉小朋友们森林里有很多活泼可爱的小动物，森林大王知道小白兔蹦跳的本领最大，在六一儿童节即将到来之际，想请小白兔们给森林里的小动物们送儿童节礼物。小动物们住在各个地方，去它们家里的路很难走，小白兔要看清楚路才可以把礼物送到。

提出任务

请结合体育活动的设计要求，完成小班体育活动“小白兔送礼物”的教学设计，并进行模拟教学。力求在活动中能够让幼儿初步掌握双脚并拢向前跳的动作要领，学习双脚分开跳以及并拢分开交替跳的动作，提升双脚连续跳的能力，并通过一定的游戏情境让其体验跳跃活动的乐趣。

学习新知

一、身体锻炼活动的意义

身体锻炼活动是以游戏、活动作为主要手段，并加入一定的活动情节，以激发幼儿锻炼的主动性，增强幼儿身体素质的活动。身体锻炼活动可以锻炼幼儿的基本动作，提升幼儿协调性，增加幼儿耐力，培养幼儿的冒险精神和意志品质，是幼儿期必不可少的活动。

二、身体锻炼活动的内容

3～6岁幼儿身体的各个器官、系统仍处于不断发育的过程中，其机体组织比较柔嫩，发育不够成熟，机能不够完善，机体易受损伤且易感染疾病。同时，这个阶段的幼儿动作的协调性、灵活性、准确性也在不断提升。科学、适宜的身体锻炼活动能促进幼儿身体各器官、系统的正常生长发育。在幼儿园积极组织幼儿开展身体锻炼活动，不仅可以促进儿童生长发育，增强体质，还对幼儿素质教育起着积极、关键的作用。

幼儿身体锻炼活动的形式是多种多样的，最常见的有律动、徒手操、器械操等。需要注意的是，幼儿身体锻炼活动的设计不是简单的拿来或者叠加，而是在尊重幼儿身体发展规律和幼儿体育兴趣的基础上，有目的地进行设计和组织。下面简单介绍一下常见的身体锻炼活动内容。

1. 动作发展

幼儿基本动作是指幼儿在日常生活和社会实践活动中所必须具备的最基本的身体运动的技能，包括走步、跑步、跳跃、投掷、攀登、钻、爬等。需要利用多种活动发展幼儿的平衡和协调能力，提升幼儿的力量和耐力。

2. 队列队形

队列队形练习可以提高幼儿身体协调性和灵活性，促进幼儿方位感、空间感的提升，也可以增强幼儿的集体意识和规矩意识。不同年龄阶段幼儿队列队形学习有不同的目标，见表1-1。

表1-1 幼儿队列队形发展目标

年龄班	队列	队形
小班	立正、稍息、看齐、齐步走、跑步走、立定	一个跟着一个走成圆形队
中班	立正、稍息、看齐、齐步走、跑步走、立定原地踏步	听信号切段分队
大班	立正、稍息、看齐、齐步走、跑步走、立定原地踏步、向左（右）转、左（右）转弯走	听信号左右分队走

3. 幼儿体操

（1）徒手体操。徒手体操是指幼儿在不需要器械的前提下，靠身体和四肢的参与完成一系列相对简单的身体练习。徒手体操一般包括模仿操、拍手操、韵律操、武术操等。

（2）轻器械体操。轻器械体操是指幼儿借助一些轻巧的器械，达成身体锻炼的目的，一般包括哑铃操、小旗操、手铃操、球操、铃鼓操、圈操、棍棒操、花操、彩带操。教师可以根据不同年龄阶段的特点创编不同难度的器械操。

4. 器械类运动

幼儿的身体锻炼可以借助一些器械，包括：固定性运动器材，如各种攀登架、滑梯、秋千、转椅、浪船、攀网、摇马、肋木联合器械等；中小型可移动性运动器材，主要是指一些能够搬动或可以移动的中小型运动器械，如平衡木、拱形门、投掷架、木质台阶等；手持小型体育活动器械及自制体育活动器械，如各种大小球类、棍棒、橡皮筋、跳绳、塑料圈、小哑铃、小沙包、毽子等。

5. 体育游戏

体育游戏即可以帮助幼儿增强体质的游戏，包括民间游戏、教师自创游戏等。常见的体育游戏有丢沙包、一网不捞鱼、编花篮、跳绳、老猫睡觉不说话、木头人等。

三、身体锻炼活动的设计步骤及要求

（一）活动目标

活动目标是活动设计的起点，也是活动评价的依据，是教师预设的幼儿参与本次活动要达成的目标，它既关注幼儿知识和能力的掌握，又关注幼儿兴趣的培养。活动目标是教师在了解幼儿的基础上，有计划、有目的地预设的幼儿发展目标。

小班身体锻炼活动“小白兔送礼物”活动目标的设计，既要关注幼儿的年龄阶段发展目标，还要考虑幼儿的兴趣需要。

1.《指南》提出了幼儿动作发展的各年龄阶段的目标

目标1：具有一定的平衡能力，动作协调、灵敏，见表1-2。

表1-2　幼儿平衡能力、协调力、灵敏性发展目标

3~4岁	4~5岁	5~6岁
能沿地面直线或在较窄的低矮物体上走一段距离	能在较窄的低矮物体上平稳地走一段距离	能在斜坡、荡桥和有一定间隔的物体上较平稳地行走
能双脚灵活交替上下楼梯	能以匍匐、膝盖悬空等多种方式钻爬	能以手脚并用的方式安全地爬攀登架、网等
能双脚连续向前跳且保持身体平稳	能助跑跨跳过一定距离，或助跑跨跳过一定高度的物体	能连续跳绳
四散跑时能躲避他人的碰撞	能与他人玩追逐、躲闪跑的游戏	能躲避他人滚过来的球或扔过来的沙包
能双手向上抛球	能连续自抛自接球	能连续拍球

目标2：具有一定的力量和耐力，见表1-3。

表1-3　幼儿力量和耐力发展目标

3~4岁	4~5岁	5~6岁
能双手抓杠悬空吊起10秒左右	能双手抓杠悬空吊起15秒左右	能双手抓杠悬空吊起20秒左右
能单手将沙包向前投掷2米左右	能单手将沙包向前投掷4米左右	能单手将沙包向前投掷5米左右
能单脚连续向前跳2米左右	能单脚连续向前跳5米左右	能单脚连续向前跳8米左右
能快跑15米左右	能快跑20米左右	能快跑25米左右
能行走1公里左右（途中可适当停歇）	能连续行走1.5公里左右（途中可适当停歇）	能连续行走1.5公里以上（途中可适当停歇）

目标3：手的动作灵活协调，见表1-4。

表1-4　幼儿手的动作和协调发展目标

3~4岁	4~5岁	5~6岁
能用笔涂涂画画	能沿边线较直地画出简单图形，或能边线基本对齐地折纸	能根据需要画出图形，线条基本平滑
能熟练地用勺子吃饭	会用筷子吃饭	能熟练使用筷子
能用剪刀沿直线剪，边线基本吻合	能沿轮廓线剪出由直线构成的简单图形，边线吻合	能沿轮廓线剪出由曲线构成的简单图形，边线吻合且平滑
		能使用简单的劳动工具或用具

比如，在“小白兔送礼物”活动目标的设计上，教师可以参考以上内容，在了解小班

幼儿的弹跳能力的基础上来设计本次活动的能力目标。

2. 目标设计和表述要求

教师应设定明确的、科学的目标，即通过本次活动基本能够实现的目标。

目标表述的主体：幼儿。为了突出幼儿的主体地位，所有目标的出发点都是幼儿，即表述的主语都是幼儿。

目标表述的三个维度：知识、技能、情感。三者之间相互联系，知识和技能的学习是为了解决问题，帮助幼儿提升能力；同时在学习过程中要保证学习是符合幼儿的兴趣需要。

目标表述语句通顺，无语病；数量在三条左右，目标不能太多，要能够突出体现本次活动的重点学习内容。

想一想

根据小班幼儿身体锻炼的教育目标，通过小组讨论、查阅资料，确定“小白兔送礼物”的目标。

（二）活动准备

活动准备一般包括经验准备和物质准备两部分内容。（见名师分享1-1）

1. 经验准备

教师在进行活动准备时要充分考虑幼儿的已有能力和经验对本次活动的作用，列出幼儿具备的相关知识、技能、经历、体验等，为幼儿在本次活动中的学习打下基础。

2. 物质准备

物质准备包括创设安全、有趣的环境，为活动的顺利进行提供丰富、有趣的材料等。这部分的设计需要教师将教学所需要的教具、材料的种类和数量进行说明。

【名师分享1-1】

经验准备：幼儿已经能够较平稳地走平衡木。

物质准备：平衡木4个、垫子6块、球2个、沙包若干。

（三）活动过程

1. 热身部分

（1）目的。热身环节（准备活动）是幼儿体育教育活动开始的前奏。热身环节主要是指借助一些准备性的身体活动，帮助幼儿克服生理、心理、思想上的惰性，提高机体的活动能力，确保幼儿尽快进入运动状态并预防运动损伤，从而提高身体锻炼活动的质量。

（2）内容。传统热身活动主要包括基本动作（走步、慢跑、徒手操等）和队列练习（如立正、稍息、左右看齐、报数等）。传统的热身活动很容易让幼儿失去兴趣，所以教师可以利用游戏、律动、模仿操、器械操等多种方式创新热身活动。教师在本环节中的教学要有感染力，示范标准，口令响亮而有节奏。

（3）时间。热身活动的时间一般占活动总时间的20%～25%。一次幼儿身体锻炼活动的总时间一般为：小班15～20分钟，中班20～25分钟，大班30分钟左右。

（4）注意事项。热身活动不可省略但时间不宜过长；运动量适中；根据需要选用口令或口哨；可以选用一些节奏感强、动感的音乐。

2. 主体部分

（1）目的。主体部分的主要任务是完成本次课的教学任务，达到本次课的教学目标，即通过一定的身体动作练习，提高幼儿的身体素质，发展其活动能力，激发幼儿进行身体锻炼的兴趣。

（2）过程。首先，教师要创设情景，激发幼儿的兴趣，引出本次活动任务；其次，教师要围绕教学目标设计过程环节，可以采用练习、游戏、比赛等形式，在一系列的过程中达成重点，攻克难点，实现教学的目标；最后，在环节设计上要环环相扣、从易到难，从简单到复杂层层递进。

（3）方法。教师在设计教学过程中经常使用示范法、讲解法、练习法、游戏法等方法。

1）示范法。指教师（或指定幼儿）将正确的动作展示给幼儿看。示范应该注意姿势正确，动作轻松，注意示范的位置和方向，要照顾到全体幼儿，也便于幼儿模仿学习；示范要有明确的目的，次数以2～3次为宜；示范与讲解相结合效果更好。

2）讲解法。教师运用语言向幼儿说明动作名称、要领以及要求。讲解应注意重点突出，语言少而精，通俗易懂，生动形象且有趣味。比如讲解动作要点时，可以借助幼儿喜欢的动物形象、游戏场景等帮助幼儿学习。同时，讲解要富有启发性，可以适当地提问。

3）练习法。在幼儿身体锻炼活动中，有很多要点需要幼儿反复练习才能提高，因此，教师可以采用个人分散式、双人合作式、集体式、分组轮流式等方式，引导幼儿练习。活动要动静交替，活动量适中，避免使幼儿产生过度疲劳或者发生运动损伤。同时要兼顾能力较差的幼儿。另外，在幼儿练习时发现问题要及时纠正，排除安全隐患。

4）游戏法。把身体锻炼的内容融入游戏中，让幼儿在玩中学。比如“丢手绢”的游戏可以培养幼儿的追逐跑能力，“炸碉堡”的游戏可以培养幼儿的身体协调能力等。

（4）注意事项。幼儿身体运动负荷和心理负荷的高峰一般出现在活动的后半段，教师要了解所有幼儿的身体发育状况，活动中要关注场地安全、器械安全，同时还要关注幼儿的表现。

3. 结束部分

（1）目的。结束部分教师需要通过一些放松身体的游戏或动作使幼儿肌肉得到放松，疲劳得到缓减，让幼儿的身体由兴奋状态逐渐恢复到安静状态。

（2）内容。结束部分可以是轻松自然的走步或徒手放松练习，也可以是简单、轻松的操节、舞蹈或安静的游戏。教师要合理地评价幼儿的表现并进行活动小结，有组织地收拾场地与器材并离开场地。内容安排要符合幼儿的年龄特点，有趣、有用。

（3）时间。结束部分的时间一般占活动总时间的10%～20%。

（四）活动延伸

活动延伸简单地说就是本次活动的延续，通过延伸环节可以保持教学活动的完整性、连贯性，从而更好地保证幼儿学习的深度和广度。教师可以将活动延伸至户外活动、区域活动、家庭或社会活动中。

想一想

根据以上内容，结合小班幼儿的特点，以小组合作的形式讨论活动过程的设计思路，确定每个环节的主要内容。

活动设计

根据上述学习内容，尝试完成本次活动的设计任务。

首先，围绕教学目标、幼儿兴趣和年龄特点，完成活动准备、活动过程和活动延伸的设计。

其次，情境的创设尽可能的贯穿每个环节始终，让幼儿在有趣、有情境的氛围中提升蹦跳的能力。教师要制定简单明了的游戏规则，设计不同的路线、不同的动作要求，引导幼儿在游戏中锻炼各种蹦跳的动作，同时也要保持活动设计的完整性和规范性。

最后，在完成设计以后，结合身体锻炼活动设计评价表（见表1-5）进行自评和互评，并提出修改意见，完善设计。

表1-5 身体锻炼活动设计评价表

评价项目	评价内容	自评与他评
活动目标	1. 表述正确，目标有较强的可操作性 2. 目标围绕知识、技能和情感三方面进行表述	☆☆☆☆☆
活动准备	1. 经验准备描述了幼儿具备的与本次活动相关的关键知识、技能或经验 2. 物质准备描述了活动需要的物质材料及其数量	☆☆☆☆☆
活动过程	1. 活动过程设计包括：热身部分、主体部分和结束部分 2. 结构设计严谨，层次清楚，环节衔接流畅 3. 过程设计详细，体现教师教学意图和方法，适合幼儿学习的方式，并在各个环节设置关键引导语 4. 教学过程设计充分体现幼儿的主体地位，能够激发幼儿的学习兴趣	☆☆☆☆☆
活动延伸	1. 延伸活动可以对课堂教学内容进行广度或深度上的拓展 2. 活动延伸符合幼儿的兴趣需要	☆☆☆☆☆

模拟教学

在进行模拟教学前，结合幼儿园教师教学的实际工作要求，创设适合的情景，准备好场地、教具、学材等。通过录制视频、文字记录等方式记录教学过程。结合身体锻炼活动组织评价表（见表1-6），针对模拟教学中存在的问题进行修正，提升教学组织能力。

表1-6　身体锻炼活动组织评价表

评 价 项 目	评 价 内 容	自评与他评
活动准备	1．材料在最大程度上支持和满足幼儿学习、探索、操作的需要 2．环境创设符合教学内容 3．细致地做好场地、器械及幼儿服装等方面的安全检查	☆☆☆☆☆
情境导入	1．热身活动有趣，能够起到热身的效果 2．导入部分生动有趣，能够激发幼儿兴趣	☆☆☆☆☆
主体部分	1．过程层层递进，活动量由小到大再到小，时间分配合理 2．结构完整，过渡自然，重点突出 3．教师示范和讲解规范 4．具备和幼儿互动的意识，教学时间的分配突出重点难点 5．教态和语言富有亲和力	☆☆☆☆☆
结束部分	结束自然，明确交代活动延伸内容，激发幼儿继续学习的兴趣	☆☆☆☆☆

拓展任务

拓展任务一：大班身体锻炼活动“编花篮”

编花篮游戏趣味性强、操作简单且不需要特殊器械。它不但能锻炼幼儿单腿站立、单脚跳跃的能力，还能促进幼儿之间的团结互助，培养他们之间的感情，是孩子们非常喜爱的游戏。请围绕培养幼儿单腿站立、单脚跳跃能力的目标，设计一次适合大班幼儿的身体锻炼活动。

拓展任务二：小班身体锻炼活动“我最棒”

设计游戏情景，引导幼儿参与，锻炼幼儿的走、跑、跳、攀爬、平衡等能力，对幼儿进行训练，设计适合小班幼儿年龄特点的活动。

案例分享

【案例1-1】　身体锻炼活动设计

活 动 环 节	案　　例
活动名称	风婆婆和小树叶　小班　体育游戏
活动目标	1．使幼儿能听信号练习走、跑 2．使幼儿体验户外四散跑的乐趣 3．保证幼儿积极参加游戏，遵守游戏规则
活动准备	1．经验准备：幼儿已经具备了听信号、做动作的能力 2．物质准备：一片小树叶、风婆婆头饰
活动过程	（一）创设游戏情境，幼儿充分体验“小树叶”的角色 1．教师手拿一片小树叶，引导幼儿进行思考 师：这是什么？这是哪棵树上的小树叶？小树叶是什么颜色的？ 2．教师摆弄小树叶，表现出很好玩的样子，引起幼儿的好奇心，同时唱儿歌 师：起风啦，小树叶飞到这边，飞到那边（教师左右摆动小树叶），飞到上面去咯！ 3．请幼儿来当小树叶，教师手上的树叶往哪边倒，小树叶们就往哪边倒 师：现在我们都是小树叶，一起跟着树叶摇一摇

（续）

活动环节	案　例
活动过程	（二）教师示范游戏中会用到的指令动作，激发幼儿参与的兴趣以及积极性，同时提出游戏规则 1．教师示范指令动作 （1）“树叶落下来啦！”——身体做蹲下的动作 （2）“起风啦，树叶飘起来了”——身体做摇摆升起的动作 （3）“刮大风啦”——教师指向一个方向，幼儿快跑至那个方向（或者四散快速跑） （4）“刮小风啦”——教师指向一个方向，幼儿慢跑至那个方向（或者四散慢跑） （5）“风停啦！”——幼儿马上蹲下 2．幼儿进行练习 教师随机发出口令，让幼儿按照“小树叶”的角色进行动作练习，预计重复三次，主要帮助幼儿按规定信号熟悉规定动作 （三）游戏情境贯穿始终，带领幼儿开展游戏 1．找一个依托物，比如操场上的某棵树，教师充当风婆婆 师：我们是那棵树的叶子，都到树妈妈身边，做好准备！（在圈定好活动范围之后，教师发出口令，注意引导幼儿四散跑动） 2．避免一棵树上太挤，可尝试男女生分开游戏 师：女孩子是这棵树上的叶子，男孩子是那棵树上的叶子！ （四）游戏结束，引导幼儿进行放松活动 师：风停了，小树叶撒得满地都是啦！（教师示范坐下）我要轻轻地把树叶吹回班级咯！
活动延伸	教师在户外活动区投放一些树叶，激发幼儿继续探索新的游戏

任务二　身心保健活动的设计与组织——中班健康活动“我会刷牙”

【学习目标】

1．理解幼儿园身心保健活动的教育目标。
2．掌握幼儿园身心保健活动的教育内容。
3．掌握幼儿园身心保健活动的设计要求。
4．能够较完整地模拟组织幼儿园身心保健活动“我会刷牙”。

案例情景

《指南》中指出：循序渐进地对幼儿进行各方面的健康教育是幼儿园教育的重要组成部分。针对中一班部分幼儿有蛀牙、有些幼儿不会正确刷牙等问题，花花老师准备对幼儿进行“我会刷牙”的护牙教育，以提升幼儿保护牙齿的意识，逐步养成正确刷牙的良好习惯；重点引导幼儿掌握正确的刷牙方法，知道怎样保护牙齿。

提出任务

花花老师请你来帮忙设计这次活动，请你结合以上情景，依据身心保健活动的设计要求，完成一份中班健康领域“我会刷牙”的活动设计，并进行模拟教学。要求活动设计体现幼儿年龄特点，符合幼儿兴趣需要，并能达到教师预期的目的。

学习新知

一、身心保健活动的意义

身心保健教育活动的开展可以帮助幼儿养成良好的生活与卫生习惯，提高幼儿自我保护能力，形成终身受益的生活能力和文明生活方式。

二、身心保健活动的内容

身心保健活动的内容非常广泛，主要包括以下几个方面：

1. 生活习惯

引导和帮助幼儿养成良好的生活习惯是幼儿园教育的重要目标之一。教师要引导幼儿保持有规律的生活，养成良好的作息习惯、饮食习惯、卫生习惯和锻炼习惯等。比如在饮食习惯养成上，教师可以引导幼儿认识常见的食物，了解食物的营养价值，了解营养与健康的关系，帮助幼儿用正确的姿势进餐，养成良好的饮食习惯。

2. 生活能力

教师要鼓励幼儿做力所能及的事情，对幼儿的尝试和努力给予肯定，指导幼儿学习和掌握生活自理的基本技能，如穿脱衣服和鞋袜、洗手洗脸、擦鼻涕、擦屁股等。还要创设环境，提供幼儿收拾和存放玩具、图书或生活用品的机会。

3. 安全知识与自我保护

安全自护的教育内容包括出行安全、乘坐交通工具的安全、特殊天气的安全自护、自然灾害的安全自护、安全用电、安全用火等相关的知识和能力，也包括认识安全标志、安全警报等知识。教师要帮助幼儿了解周围环境中的不安全事物，不做危险的事。教给幼儿简单的自救和求救的方法。

4. 表达和调节情绪

表达和调节情绪教育内容主要包括：认识和辨别常见的情绪，掌握调节情绪的方法和合理发泄不良情绪的方法。

5. 适应能力

教师要帮助幼儿适应幼儿园生活，提升幼儿适应季节变化的能力，锻炼幼儿适应生活环境变化的能力。

三、身心保健活动的设计步骤及要求

（一）活动目标

身心保健教育活动的目标要依据幼儿的兴趣、需要，还要充分考虑幼儿年龄特点来设

计。《指南》中提到了不同年龄阶段幼儿身心保健各方面的发展目标，见表1-7。

表1-7 身心保健活动发展目标

内容	3~4岁	4~5岁	5~6岁
具有良好的生活与卫生习惯	1. 在提醒下，按时睡觉和起床，并能坚持午睡 2. 在引导下，不偏食、挑食。喜欢吃瓜果、蔬菜等新鲜食品 3. 愿意饮用白开水，不贪喝饮料 4. 不用脏手揉眼睛，连续看电视等不超过15分钟 5. 在提醒下，每天早晚刷牙、饭前便后洗手	1. 每天按时睡觉和起床，并能坚持午睡 2. 不偏食、挑食，不暴饮暴食。喜欢吃瓜果、蔬菜等新鲜食品 3. 常喝白开水，不贪喝饮料 4. 知道保护眼睛，不在光线过强或过暗的地方看书，连续看电视等不超过20分钟 5. 每天早晚刷牙、饭前便后洗手，方法基本正确	1. 养成每天按时睡觉和起床的习惯 2. 吃东西时细嚼慢咽 3. 主动饮用白开水，不贪喝饮料 4. 主动保护眼睛，不在光线过强或过暗的地方看书，连续看电视等不超过30分钟 5. 每天早晚主动刷牙，饭前便后主动洗手，方法正确
具有基本的生活自理能力	1. 在帮助下能穿脱衣服或鞋袜 2. 能将玩具和图书放回原处	1. 能自己穿脱衣服、鞋袜、扣钮扣 2. 能整理自己的物品	1. 能知道根据冷热增减衣服 2. 会自己系鞋带 3. 能按类别整理好自己的物品
具备基本的安全知识和自我保护能力	1. 不吃陌生人给的东西，不跟陌生人走 2. 在提醒下能注意安全，不做危险的事 3. 在公共场所走失时，能向警察或有关人员说出自己和家长的名字、电话号码等简单信息	1. 知道在公共场合不远离成人的视线单独活动 2. 认识常见的安全标志，能遵守安全规则 3. 运动时能主动躲避危险	1. 未经大人允许不给陌生人开门 2. 能自觉遵守基本的安全规则和交通规则 3. 运动时能注意安全，不给他人造成危险

教师在设计活动目标时，既要考虑不同年龄阶段发展的目标，又要考虑幼儿的兴趣需要；既关注幼儿对知识的掌握、能力的提升，又要考虑幼儿在学习过程中的情感态度；既要考虑表述的流畅性和完整性，又要重视目标的可行性。

想一想

根据中班幼儿的能力特点，确定本次“我爱刷牙”的活动目标，要求目标表述正确并具有可行性。

（二）活动准备

活动准备一般包括经验准备和物质准备两部分内容。

1. 经验准备

经验准备指幼儿在参与本次活动前，已经具备的相关知识和经验。比如，在中班健康活动“蔬菜王国”活动前，幼儿已经认识了一些常见的蔬菜，了解一些蔬菜的营养成分。

2. 物质准备

物质准备即完成本次活动需要准备的教具、学材、环境创设等。比如牙齿模型、小牙刷若干、正确刷牙的图片和视频等。同时，注重为幼儿创造宽松、愉悦地氛围。

（三）活动过程

1. 导入环节

该环节目的在于激发幼儿兴趣，调动幼儿学习主动性，常用的导入方法有游戏导入、谈话导入、视频图片导入、作品（儿歌、故事、谜语）导入、演示导入、参观导入、邀请嘉宾导入等。活动导入的设计既要符合幼儿的兴趣需要，也要贴合学习的主题，能够调动幼儿学习的积极性。导入方法可以选择一种，也可以几种方法一起使用。几种常见的导入方法见名师分享1-2至1-4。

【名师分享1-2】

活动名称：小手真干净　小班　健康领域

导入环节：谈话导入，激发兴趣

师：小朋友们，咱们刚从户外回来，老师请你们看看自己的小手，大家看到了什么？我们的小手干净吗？

师：小朋友们知道脏脏的小手有什么危害吗？

小结：大家都知道我们的小手每天接触很多细菌，有些细菌是可以让我们生病的，接下来我们就来学习一下如何保持小手干净。

【名师分享1-3】

活动名称：早睡早起身体棒　中班　健康领域

导入环节：故事导入，激发兴趣

1．教师结合图片讲述《大象和小熊》的故事，请幼儿思考为什么大象上学会迟到。

师：今天，老师给大家带来两个好朋友，一个是大象，一个是小熊，今天上学的时候，大象迟到了，你们知道为什么吗？大家听一听老师的故事，找找答案吧。

2．师幼交流故事内容。

师：大象为什么会迟到？我们小朋友要学习谁啊？为什么？

小结：早睡早起，除了不会迟到，还有很多好处，我们一起了解一下吧！

【名师分享1-4】

活动名称：有营养的蔬菜　大班　健康领域

导入环节：游戏导入，激发兴趣

1．教师组织幼儿玩蔬菜蹲的游戏，回顾蔬菜名。

师：小朋友们，我们每个人选一个蔬菜头饰，戴在头上，并且请同一种蔬菜的小朋友站到一起。

师：小朋友们先按顺序，儿歌里请哪个蔬菜蹲，那个蔬菜的小朋友就要蹲一蹲，老师先开始。萝卜蹲，萝卜蹲，萝卜蹲完油菜蹲……

2．师幼交流游戏内容。

师：游戏中都有哪些蔬菜？你们知道这些蔬菜有什么营养吗？

小结：小朋友们说得很好，接下来我们就来看看蔬菜都有哪些营养，他们吃进肚子里对我们的身体有什么帮助。

想一想

根据“我爱刷牙”活动的目标，初步设计活动导入环节。

2. 主体部分

主体部分是完成幼儿身心保健活动目标的主要部分，是活动的重点和难点所在。

(1) 分析活动目标。活动过程中各个环节的设计均是为了实现最终的活动目标。

(2) 围绕目标确定活动过程的环节及内容。每个环节教师要选择合适的、幼儿感兴趣的方法以达到目标，同时各环节之间要体现一定的逻辑关系，引导幼儿层层深入。如在小班“认识五官”活动中，教师的设计如下：

【名师分享1-5】

活动过程	设计意图
点兵点将，引导幼儿初步了解眼睛、鼻子、嘴巴和耳朵的位置	游戏导入，可以吸引幼儿注意，激发幼儿兴趣
讨论眼、鼻、嘴的位置以及笑的时候的样子	引导幼儿观察和了解五官位置以及做不同表情时五官的变化
贴五官游戏	采用游戏的方法巩固幼儿对五官位置的了解
交流游戏心得，结束活动	了解幼儿掌握的情况

(3) 丰富各个环节的内容。设计每个环节所涉及的内容和方法，编写教师指导语（特别是对幼儿的要求、小结语、转换语等）和操作过程说明；根据各个环节在整个活动所占比重和活动的逻辑顺序，分配好各个环节的大体时间。如在小班“认识五官”活动中，第三环节“贴五官游戏”的内容如下：

【名师分享1-6】

活动名称：贴五官游戏　小班　认知活动

1. 教师介绍游戏规则，请幼儿贴五官，巩固对五官位置的认识

师：苹果娃娃想笑笑不出来，因为没有嘴巴，想哭哭不出来，因为没有眼睛。小朋友帮帮忙，帮他们贴一贴嘴巴、眼睛。

师：贴个笑娃娃，知道笑的时候嘴角上扬。

师：苹果娃娃现在有了眼睛、鼻子和嘴巴，心里非常高兴，请小朋友们来帮帮它，让它笑起来。

2. 贴个哭娃娃，知道哭的时候嘴角往下。

师：小朋友知道哭的时候，眼睛和嘴巴是什么样子吗？请小朋友选择眼睛和嘴巴给苹果娃娃贴上。

小结：小朋友们贴了哭娃娃、笑娃娃，哭的时候嘴角往下，笑的时候嘴角上扬。

3. 结束部分

结束部分要求能让幼儿在轻松愉快的情绪中自然而然地结束活动，一般采用小结评价的方式，这种方式在运用中应该注意做到语言简洁，对幼儿的评价积极宽容，对问题的结论留有思考的余地，使活动能够有效地延伸，保留幼儿对活动的兴趣，体验到活动到来的快乐，以期盼的心情和态度等待下次活动的到来。

（四）活动延伸

活动延伸是指在组织教育活动后，教师继续设计一些与此相关的辅助活动，使教育内容渗透到幼儿的生活中，使健康教育的目标能更好地实现。延伸的方式多种多样，包括游戏的方式、区角活动的方式、表演的方式、领域渗透的方式、家园社区共育的方式、成果展览的方式等。

想一想

根据所学知识，结合中班幼儿的特点，小组合作完成“我爱刷牙”活动过程的思路设计，确定每个环节的主要内容，明确每个环节的设计意图。

活动设计

结合上述学习情况，尝试完成本次活动设计任务。

首先，围绕教学目标、幼儿兴趣和年龄特点完成活动准备、活动过程和活动延伸的设计。

其次，针对“我爱刷牙”活动，教师不仅需要选择恰当的方法引导幼儿认识刷牙的重要性和不刷牙的危害，还要引导幼儿学习正确的刷牙方法。

最后，在完成设计以后，结合身心保健活动设计评价表（见表1-8）进行自评和互评，并提出修改意见，完善设计。

表1-8　身心保健活动设计评价表

评价项目	评价内容	自评与他评
活动目标	1. 目标包含知识、技能、情感三个方面 2. 表述正确，目标有较强的可操作性	☆☆☆☆☆
活动准备	1. 活动准备包括经验准备和物质准备两个部分 2. 创设的环境、准备的材料要适宜，最大程度支持和满足幼儿的学习、探索	☆☆☆☆☆
活动过程	1. 活动过程设计包括：导入环节、主体部分和结束部分 2. 结构设计严谨，层次清楚，环节衔接流畅 3. 过程设计详细，为教师设置关键引导语 4. 教学过程设计充分体现幼儿的主体地位，能够激发幼儿的学习兴趣	☆☆☆☆☆
活动延伸	1. 延伸活动可以对课堂教学内容进行广度或深度上的拓展 2. 活动延伸符合幼儿的兴趣需要	☆☆☆☆☆

模拟教学

在进行模拟教学前，结合幼儿园教师教学的实际工作要求，创设适合的情景，准备好场地、教具、学材等。通过录制视频、文字记录等方式记录教学过程。结合身心保健活动组织评价表（见表1-9），针对模拟教学中存在的问题进行修正，提升教学组织能力。

表1-9　身心保健活动组织评价表

评价项目	评价内容	自评与他评
活动准备	1. 材料在最大程度上支持和满足幼儿学习、探索、操作的需要 2. 环境创设符合教学内容	☆☆☆☆☆
情景导入	激发幼儿对本次活动的兴趣，引出本次活动主题	☆☆☆☆☆
主体部分	1. 教师语言生动，教态得体 2. 过程层层递进，过渡语自然、流畅 3. 师生互动良好，及时回应，给予鼓励 4. 教学时间分配突出重点难点，能够凸显活动目标 5. 教具使用科学有效	☆☆☆☆☆
结束部分	结束自然，明确交代活动延伸内容，激发幼儿继续学习的兴趣	☆☆☆☆☆

拓展任务

拓展任务一：大班身心保健活动“水果大排档”

水果是我们每个人生活中的必需品，水果中含有丰富的维生素和营养物质，可以帮助消化以及补充人体所需的微量元素，还可以补充人体所必需的水分。水果不仅味道可口，而且对人体有益。在幼儿园中，不少小朋友在吃水果时存在浪费现象，因此很有必要开展此次活动。大班幼儿基本上都知道水果的重要性且动手能力较强，能懂得一些基本厨房用品的操作。请根据大班幼儿已有的认知经验和生活常识水平，设计该活动并尝试组织实施活动。

拓展任务二：中班身心保健活动“蔬菜王国”

经过观察，老师发现多数孩子不喜欢吃蔬菜，由于营养不均衡，从而出现了不少的小胖墩；还有的孩子有便秘现象，严重影响了幼儿身体的正常发育和身心健康。针对这些现实问题，结合《纲要》提出的“教育要为幼儿一生的发展打好基础”的精神，教师希望组织一次身心保健活动，引起幼儿对蔬菜的注意和兴趣，从而产生喜欢吃蔬菜的情感和意识。

案例分享

【案例1-2】 身心保健活动设计

活动名称	我的情绪　大班　心理健康活动
活动目标	1．知道几种基本情绪，并能够用语言进行描述和表达 2．了解不同情绪对人身体健康的影响，初步知道调节自己情绪的方法 3．喜欢参与到情绪游戏中，乐于分享交流不同的情绪
活动准备	1．经验准备：幼儿已经对常见的几种情绪有初步的了解 2．物质准备：六个情绪脸谱（高兴、悲伤、愤怒、害怕、烦恼、兴奋），有六个情绪脸谱的大色子，每个幼儿一个情绪温度计
活动过程	（一）感受高兴与悲伤 1．播放表达高兴（早上好）和悲伤（牧羊姑娘）两首曲子，请幼儿感受 师：小朋友们，听完这两首曲子后你们的感觉怎样？这两个曲子有什么不同？ 小结：我们知道高兴、悲伤都是我们的情绪，每个人都有自己的情绪，在不同的情境下，我们的情绪也会不同，高兴的时候我们想大声笑，悲伤的时候我们想哭泣 2．摸图片，辨情绪 师：今天老师给小朋友们带来了几张表情脸谱，小朋友们看一看，说一说你看到的是什么情绪，并学一学 （1）教师请小朋友在魔法箱子里摸一张图片，并模仿、感受图片上的情绪 师：今天老师给大家带来了几张表情图，藏在魔法箱子里，小朋友们来摸一张，学一学图片上的情绪，说一说有什么感受 （2）师幼交流不同的情绪 师：我们在怎样的情况下会有这些情绪呢？ 小结：我们知道了高兴、悲伤、愤怒、害怕、烦恼、兴奋这些情绪，哪些情绪你会感觉舒服一些，哪些情绪感觉不舒服呢？ （二）讨论如何调节不良情绪 1．师幼交流情绪对我们的影响 师：你喜欢哪一种情绪？哪些情绪你不喜欢？为什么？ 小结：每个人遇事都会产生不同的情绪，情绪会让我们的生活充满色彩，但是我们不能在悲伤、愤怒、害怕这些小朋友不喜欢的情绪中待太久，我们要学会控制这些情绪 2．教幼交流调节情绪的方法 师：我们面对不同的情绪，如何调节？ 小结：烦恼和不开心的时候，小朋友们可以找爸爸妈妈或是老师、小伙伴谈谈自己的心情，也可以找个地方蹦蹦跳跳或大声喊出来。愤怒的时候也可以和爸爸妈妈说一说，我们一起想办法，不能用打人或者骂人的方式解决问题。悲伤的时候可以找爸爸妈妈或者老师抱一抱，说一说 （三）通过舞蹈“娃哈哈”结束活动 请幼儿听音乐，跳着“娃哈哈”结束活动
活动延伸	1．在美工区引导幼儿绘画“有趣的表情”，或者画一画自己喜欢的表情 2．在角色表演区尝试体验不同的角色、不同的情绪 3．在阅读区投放有关情绪的书籍，鼓励幼儿阅读

学习单元二

语言领域活动设计与实践

单元导读

《指南》提倡尊重儿童、理解儿童特点，重视学习品质，促进儿童发展的教育主旋律；同时阐释了语言领域的教育内容，指出幼儿语言发展的重要性和特点，提出语言教育中最重要和最基本的内容是倾听与表达、阅读与书写准备。作为幼儿教师要准确把握幼儿语言发展的年龄特点，设计恰当的活动提升幼儿语言能力。

单元目标

1. 掌握幼儿园语言领域教育活动目标。
2. 掌握幼儿园语言领域教育活动的主要内容。
3. 掌握幼儿园语言领域教育活动的设计要求。
4. 能够较完整地模拟组织幼儿园语言领域教育活动。

单元内容

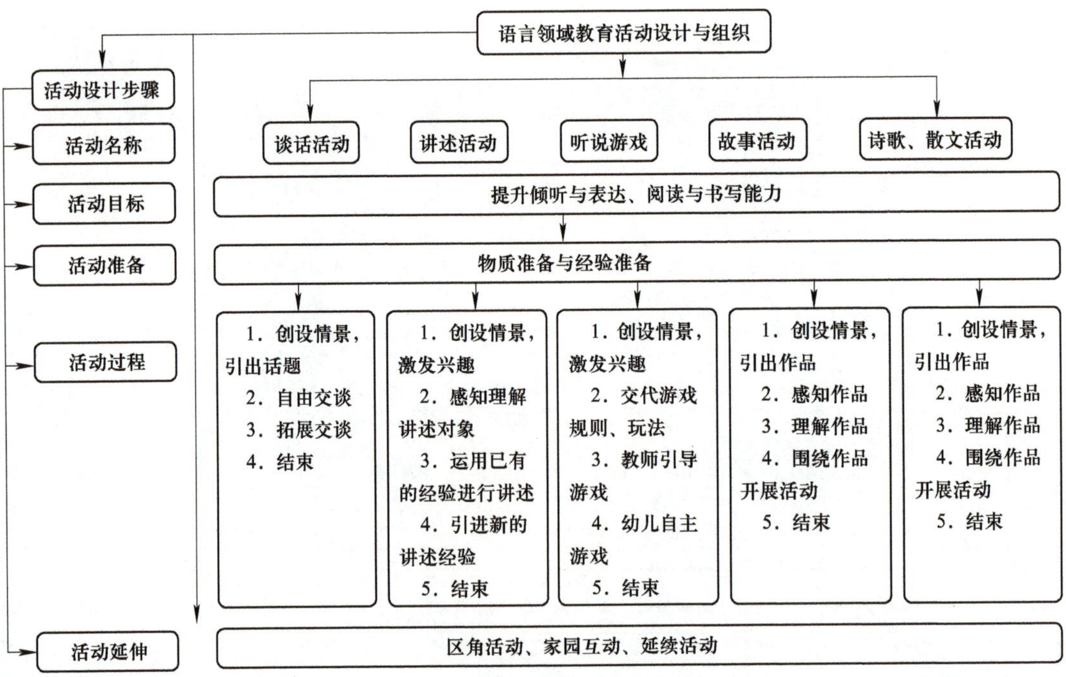

任务一　谈话活动的设计与组织——中班谈话活动“我知道的秋天”

【学习目标】

1. 理解幼儿园谈话活动的特点、教育目标和教育内容。
2. 掌握幼儿园谈话活动的设计要求，能够按要求完成设计。
3. 掌握幼儿园谈话活动组织方法和注意要点。
4. 能够合作完成模拟教学，并能够根据评价进行修正，完善设计。

案例情景

秋天来了，很多家长都带孩子去过秋游，很多小朋友都在交流秋游去了哪里，看见了什么。以此为契机，中班花花老师组织了“我知道的秋天”的谈话活动，希望能够鼓励幼儿根据自己对秋天的所感所观进行谈话，培养幼儿谈话能力。如果花花老师请你帮忙，你会怎么组织这次活动？设计哪些话题？如何引导幼儿围绕秋天进行谈话呢？

提出任务

请结合以上情景，依据幼儿的兴趣需要、年龄特点以及谈话活动的设计要求，完成中班谈话活动“我知道的秋天”的活动设计，并进行模拟教学，力求能够提升幼儿围绕话题进行谈话的能力，并愿意倾听同伴的发言，逐步养成良好的说话习惯。

学习新知

一、谈话活动概念和特点

幼儿园的谈话活动是一种有目的、有计划地组织幼儿学习语言的教育活动，旨在创造一个良好的语言环境，帮助幼儿学会倾听别人谈话，围绕一定话题进行谈话，习得与别人交流的方式、规则，培养与人交往的能力。其特点如下：

1. 拥有一个具体、有趣的中心话题

一个具体、有趣的话题不仅可以调动幼儿谈话的积极性，还可以培养幼儿围绕话题进行思考、倾听、组织语言等能力。在围绕一个话题充分交谈后，教师可以通过敏锐观察，生成一个新的话题，也可以换另一个话题。

2. 多方参与的言语交往活动

幼儿的谈话活动可以是幼儿之间、幼儿和教师之间、幼儿和其他人之间的谈话。

通过多方参与，培养幼儿围绕话题进行大胆交流的能力、倾听且不随意打断别人讲话等习惯。

3. 语境随意、宽松、自由

谈话活动中没有统一的答案和要求，也没有一致的讲述经验和思路的约束。幼儿完全可以根据自己的意愿和内心感受，将自己的想法直截了当地表达出来，与大家共享。因此，教师要创设宽松的交谈环境，鼓励幼儿大胆交流，不随意打断幼儿的对话。

二、谈话活动的内容

1. 选择幼儿已有经验的谈话内容

《纲要》中指出“幼儿语言的发展与其情感、经验、思维、社会交往能力等其他方面的发展密切相关”。因此在开展谈话活动时，我们可以选择与幼儿生活密切联系的、幼儿已有经验的内容，让幼儿“有话可说”才能逐步提升幼儿谈话的能力，进而促进幼儿思维、情感等其他方面能力的发展。如中班谈话活动“劳动最光荣”，对于医生、警察、保安、教师的工作情况孩子们都能做到积极参与谈话，但是当谈到农民伯伯怎样播种、收获粮食的时候，孩子们则不知道说什么。究其原因在于大部分城市里的孩子对农民了解很少。所以在选择谈话内容时，我们首先要了解孩子们对这个谈话内容已积累的经验有多少。

2. 选择幼儿感兴趣的内容

幼儿的兴趣是谈话的前提，比如幼儿在秋游后都在热烈地讨论自己的见闻，参与谈话的热情也很高，这就说明幼儿对秋游非常感兴趣，也乐于相互交流、分享。同时也考验教师捕捉幼儿兴趣点的能力，这就需要教师在日常活动中要关注孩子的行为，特别是聆听孩子在自主游戏和活动时的交流话题。

3. 选择幼儿关心的热门话题

最近比较热门的话题也可以是谈话活动的内容，因为这些话题孩子们可能已经在电视上、广播里、父母的谈论中看到或听到过，也有可能在家庭中就参与过这类话题的交流，那么由此引发的谈话内容就可以进一步引起孩子们的参与热情。

三、谈话活动的设计步骤及要求

（一）活动目标

谈话活动是教师根据教育目标和幼儿需要面向全班幼儿开展的活动，《纲要》中提出了幼儿语言教育的总目标，其中“乐意与人交谈，讲话礼貌”“注意倾听对方的讲话，能理解日常用语”“能清楚地说出自己想说的事”，都需要在谈话活动中培养。不同年龄阶段的幼儿谈话活动的发展目标也不同，见表2-1。

目标设计要求：表述角度统一，从知识、技能、情感三方面设计目标，目标要求可行、科学、突出重难点。

表2-1 谈话活动发展目标

年龄班	目标
小班	1. 喜欢与老师、小朋友交谈 2. 愿意表达自己的需要和想法，必要时能配以手势动作 3. 与别人讲话时知道眼睛要看着对方 4. 说话自然，声音大小适中
中班	1. 愿意与他人交谈，喜欢谈论自己感兴趣的话题 2. 别人对自己讲话时能进行回应 3. 能根据场合调节自己说话声音的大小
大班	1. 愿意与他人讨论问题，敢在众人面前说话 2. 别人讲话时能积极主动地回应 3. 能根据谈话对象和需要，调整说话的语气 4. 懂得按次序轮流讲话，不随意打断别人

想一想

根据中班谈话活动教育目标，结合“我知道的秋天”的主题，确定谈话活动的目标，要求包含知识、技能、情感三方面的内容。

（二）活动准备

活动准备一般包括经验准备和物质准备两部分内容。

1. 经验准备

经验准备是指幼儿在参与本次谈话前已经具备的相关知识和经验。比如在谈话活动“我最喜欢的动画片”之前，幼儿看过相关动画片，并且能够用语言进行描述。

2. 物质准备

物质准备即完成本次活动需要准备的教具、学材、环境创设等，注重为幼儿创造宽松、愉悦地氛围。

（三）活动过程

1. 创设谈话情景，引出谈话话题

教师要营造一个宽松自由的谈话氛围，创设生动、有趣的谈话情景，引出本次谈话的话题，激发幼儿谈话的兴趣。教师可以利用图片、声音、教具、游戏等方式引出谈话话题。

(1) 物质材料导入。可以用实物、图片、模型、可操作的材料等导入新课，同时辅以简单的问题、提示或者指令，幼儿便能自然地进入活动状态。（见名师分享2-1）

【名师分享2-1】

物质材料导入：出示幼儿生气的照片，激发兴趣

师：看看这位小朋友怎么了？你们从哪里看出来的？猜猜他可能是为了什么事生气？

师：每个人都会遇到让自己生气的事，你们认为生气好吗？为什么？

小结：生气不好。生气时脸会变得很难看，心里会感觉不舒服，像装了个大火球，热热的，要“爆炸”一样；生气时会影响周围人的情绪，使身边的人不开心；生气时会哭，喉咙会哑；如果一直生气还会得病。

（2）表演导入。教师可以通过自己表演、请幼儿表演、表演手偶、表演木偶等方式，激发幼儿的兴趣，吸引幼儿关注表演内容，进而引出本次探讨的问题。比如，教师在引导幼儿表达情绪的活动前，引导幼儿表演不同的情绪，激发幼儿兴趣，进而就可以和幼儿一起谈一谈对不同的情绪有什么不同的感受。

（3）情景导入。教师可以创设生动的故事情景、游戏情景、问题情景或悬念情景，带领幼儿在情景的想象下，进入今天的活动。（见名师分享2-2）

【名师分享2-2】

情景导入：创设家庭环境和氛围，请小朋友们领工资，小鬼当家

师：小朋友们，今天你们来当家，管理家里的大小事。现在请小朋友们来老师这里领工资，然后和你们家的家庭成员商量一下，如何支配工资。

（4）文学作品导入。利用谜语、儿歌、故事等文学作品导入活动。（见名师分享2-3）

【名师分享2-3】

文学作品导入：说儿歌《小小手》导入活动，激发幼儿兴趣

师：我有一双小小手，一只左来一只右，小小手，小小手，一共十个手指头；我有一双小小手，会洗脸来会梳头，小小手，小小手，真是我们的好帮手。

师：儿歌里说的是什么呢？每个小朋友都有一双小小手，那你们的小手会做什么事情呢？

（5）谈话导入。教师引导幼儿围绕话题进行谈话，通过谈话引出本节课的主要内容。（见名师分享2-4）

【名师分享2-4】

谈话导入：谁是有勇气的人

师：小朋友们知道什么是勇气吗？你认为生活中谁最有勇气？为什么？

小结：勇气体现在许多方面，每个人身上都有可能藏着各种勇气，接下来让我们从这本图画书里看一看、找一找“勇气”。

2. 围绕话题运用已有经验自由交谈

明确谈话话题后，教师应给幼儿充分地自由讲述内心真实感受的机会，可以是教师与幼儿集体谈话、幼儿分组交谈、两两交谈、集体交谈，也可以请小朋友自由选择交谈对象，围绕话题进行谈话。自由交谈可以为幼儿提供开口说话的好机会，因此，教师可以有意识地将语言能力较差和语言能力较强的幼儿安排在一起，让他们互相促进；还要重点倾听语言能力较弱的幼儿的谈话，给予充分的鼓励，以增强他们的自信心。

3. 围绕中心话题拓展交谈内容

在幼儿运用已有的知识经验充分地交谈后，启发幼儿拓展谈话内容，学习新的谈话技能和谈话规则，提升幼儿围绕话题组织语言的能力。

（1）拓展谈话内容。拓展谈话内容即对谈话内容的深度和广度进行延伸，比如教师组织幼儿谈论了爸爸的爱好和职业，在拓展部分可以引导幼儿谈谈爸爸对自己的爱，为自己做过哪些事情，我们如何爱自己的爸爸等。

（2）拓展谈话技能。教师可以引导幼儿学习一些谈话技巧，比如认真地倾听，表达自己的感受，能够用轮流、交替的方式谈话，不抢话、不插话等。注意，该环节教师可以示范新的谈话经验，帮助儿童掌握新的谈话经验，给儿童提供模仿的对象。

（四）活动延伸

活动延伸是为了保持教学活动的完整性、连贯性，从而更好地保证幼儿学习的深度和广度。常见的活动延伸的方式包括：

（1）延伸到下一个活动。将活动延伸到下一次教学活动中，使得半日活动或者一日活动成为一个有机联系的整体。例如，在“幼儿园的秋天”的美术活动中，幼儿能够根据谈话中提及的内容用画画的方式进行记录和表达。

（2）延伸到区域活动。将活动延伸到区域活动中，让区域活动成为教学活动的自然延伸。例如，美术活动“美丽的秋天”可以延伸到表演区域中，幼儿可以用一些道具、动作表达对秋天的感受，也可以演唱关于秋天的歌曲、表演秋天的舞蹈等。

（3）延伸到家庭和社会活动。将活动延伸到社区和家庭中，比如教师在组织幼儿围绕“我知道的职业”谈话后请幼儿了解身边人的职业，并尝试和不同职业的人进行谈话。

想一想

根据以上知识，通过小组合作完成中班谈话活动活动过程思路的设计，并说明缘由。

活动设计

根据学习情景、任务以及新知，尝试完成本次活动的设计任务。要求活动设计详细，关注教与学两个方面。在完成设计以后，结合谈话活动设计评价表（见表2-2）进行自评和互评，并提出修改意见，完善设计。

表2-2 谈话活动设计评价表

评价项目	评价内容	自评与他评
活动目标	1．目标围绕幼儿谈话能力的培养进行设计 2．目标涉及知识、技能、情感三个方面 3．表述正确，目标有较强的可操作性	☆☆☆☆☆
活动准备	1．活动准备包括经验准备和物质准备两个部分 2．创设的环境、准备的材料要适宜，最大程度支持和满足幼儿的学习、探索	☆☆☆☆☆
活动过程	1．活动过程设计包括：创设情景，激发兴趣；运用已有经验自由交谈；围绕中心话题拓展交谈和结束部分 2．结构设计严谨，层次清楚，环节衔接流畅 3．过程设计详细，体现教与学，以及为每个环节设置关键引导语	☆☆☆☆☆
活动延伸	1．延伸活动可以对课堂教学内容进行广度或深度上的拓展 2．活动延伸符合幼儿的兴趣需要	☆☆☆☆☆

模拟教学

在模拟教学前，请结合幼儿园教师教学的实际工作要求，准备好关于秋天的教学课件、图片等教具；如果需要布置秋天的环境，教师也要提前做好准备。通过录制视频、文字记录等方式，真实记录教学过程。结合谈话活动组织评价表（见表2-3），针对模拟教学中存在的问题进行修正，提升教学组织能力。

表2-3 谈话活动组织评价表

评价项目		评价内容	自评与他评
活动准备		1．材料在最大程度上支持和满足幼儿学习、探索、操作的需要 2．环境创设符合教学内容	☆☆☆☆☆
情景导入		1．激发幼儿对谈话活动的兴趣 2．明确提出中心话题	☆☆☆☆☆
主体部分	总体要求	1．教师用生动的语言、问题，引导幼儿自由交谈 2．过程层层递进，过渡语自然、流畅 3．师生互动良好，教学时间的分配突出重点难点 4．教学过程指向预设的活动目标 5．教具使用科学有效 6．语言亲切，教态得体	☆☆☆☆☆
	自由交谈	1．通过恰当的语言引导、提问，给幼儿充分的自由讲述内心真实感受的机会 2．及时给予幼儿反馈，鼓励幼儿表达	☆☆☆☆☆
	拓展谈话	1．拓展内容层层递进，符合幼儿能力水平 2．拓展的话题要围绕主题	☆☆☆☆☆
结束部分		方法有趣，引导幼儿回顾本节课的重点，同时也要激发幼儿继续学习的兴趣	☆☆☆☆☆

拓展任务

拓展任务一：大班谈话活动“我去旅游了”

国庆假期有的幼儿将随父母外出旅游，于是我们充分利用幼儿生活中的教育资源，抓住幼儿国庆外出旅游的机会，要求在家长的帮助下，把外出拍的照片和土特产带回班上举办一个展览会。这就很自然的产生了“我去旅游了”这一活动，请完成本次大班谈话活动的设计。

拓展任务二：小班谈话活动“我们一家人”

小班的小朋友刚入园不久，对幼儿园里的一切比较陌生，但是对家庭很熟悉，熟悉家里的人和环境。为了使小朋友尽快地适应幼儿园的生活，教师选择了“我们一家人”这一话题，让小朋友感觉到幼儿园就像家一样，老师也会像妈妈一样爱自己。

案例分享

【案例2-1】 谈话活动设计

活动名称	我喜欢的糖果　中班　谈话活动
活动目标	1. 能够围绕"我喜欢的糖果"这一主题，用清楚、连贯的语言交流自己对糖果的相关经验 2. 学会专注地倾听同伴谈话，不随意打断 3. 积极参与小组讨论，乐于在集体面前自然大方地谈话
活动准备	1. 经验准备：幼儿已经初步具备围绕话题简单交流的能力 2. 物质准备：每个幼儿自带一颗自己喜欢吃的糖果；歌曲视频"牙牙乐"；教学PPT
活动过程	（一）出示各种糖果图片，激发幼儿谈论糖果的兴趣 师：小朋友们看图片上有什么啊？这些五颜六色的是什么？你们喜欢吗？ （二）围绕糖果自由交谈 1. 教师提问，引导幼儿集体交谈 师：你吃过哪些糖果？能说出它们的名称吗？你吃过的糖果是什么形状、什么颜色、什么味道的？ 2. 组织幼儿自由交谈 师：将自己带来的糖果告诉身边的同伴，自己带的是什么糖果，是什么样子的，吃上去有什么感觉。小朋友要声音响亮，其他小朋友要安静倾听 （三）拓展交谈话题 1. 教师进行示范，谈论自己最喜欢吃的糖果 师：我最喜欢的糖果是棉花糖，它有各种颜色，软绵绵的，你们喜欢吃什么糖果？ 2. 引导幼儿谈话 师：你最喜欢吃什么？为什么喜欢吃？你还知道哪些有趣好玩的特殊的糖果吗？大家知道什么时候可以吃糖果，什么时候不能吃糖果吗？吃糖之后要注意什么？ （四）结束部分 1. 教师播放视频"牙牙乐"请幼儿观看，并一起唱歌曲 2. 教师评价幼儿的表现，鼓励幼儿继续大胆地与同伴交流，并提醒幼儿养成早晚刷牙的好习惯
活动延伸	1. 语言领域：学习故事"甜甜的河水"，知道糖果是甜的并且在水里能够溶化 2. 健康领域：搜集一些关于保护牙齿、注意口腔清洁的方法

任务二　讲述活动的设计与组织——中班讲述活动"不捞小蝌蚪"

【学习目标】

1. 了解幼儿园讲述活动的教育目标、内容。
2. 掌握幼儿园讲述活动的类型。
3. 掌握幼儿园讲述活动的设计步骤和要求。
4. 能够合作完成模拟教学，并能够根据评价进行修正，完善设计。

案例情景

春天来了，很多家长都会带小朋友去公园、河边游玩。有个小朋友周一来幼儿园的时候拿了一个小瓶子，里面装了几只蝌蚪，立刻吸引了一群小朋友的注意，你一言我一语，大家都特别好奇并想和小蝌蚪一起玩游戏，也纷纷表示周末要让爸爸妈妈带自己去抓小蝌蚪。以此为契机，教师组织了“小蝌蚪找妈妈”的主题活动，在该主题下，教师想要设计一次“小蝌蚪找妈妈”的看图讲述活动，引导幼儿了解小蝌蚪长大了会变成青蛙，进而引导幼儿树立青蛙是益虫的观念，培养小朋友保护小蝌蚪的情感。

（图1　王雨嫚 画）

提出任务

请你依据以上情景，结合中班幼儿讲述活动的特点及设计要求，完成中班“小蝌蚪找妈妈”的活动设计，并进行模拟教学。要求活动设计体现幼儿年龄特点，符合幼儿兴趣需要，能够提升幼儿看图讲述的能力。

学习新知

一、讲述活动的概念及特点

讲述活动是幼儿园语言教育活动的一种重要形式，它通过色彩鲜艳的画面以及富有乐趣的情节和内容来吸引幼儿的注意，具有很强的直观性和形象性，非常适合幼儿的认知发展特点。

讲述活动是一种有目的、有计划地培养幼儿语言能力的语言教育活动，旨在创设一个相对正式的语言场合，要求幼儿针对特定的对象，使用较规范的语言来表达个人对某事、某人、某物的认识，进行语言交流，具体特点如下：

1．讲述活动是一种幼儿独白语言

独白语言就是需要说话的人独自构思和表达，来说明对某一方面内容的完整认识，是

锻炼幼儿语言表达能力的特别途径。

2. 讲述活动有一定的讲述对象

讲述的对象可以是幼儿喜欢的图片、情景，也可以是实物。

3. 讲述活动有相对正式的语境

讲述活动与谈话活动不同，谈话活动培养幼儿大胆自由表达的能力，不会对幼儿提出过多规范性的要求；而讲述活动一般是在正式的语言学习环境中进行，要求幼儿进行规范的表达。

二、讲述活动的类型

1. 看图讲述

（1）单幅讲述。以一幅图片为讲述对象，这种图片一般人物较少，背景简单，人物形象突出，强调人物的动作，一般在小班开展，以回答方式进行，幼儿在讲述时主要说出图片上有什么、在什么地方、在干什么等，主要培养小班幼儿说完整语句的能力。

（2）多幅讲述。以多幅有关的图片为讲述对象，引导幼儿观察图片，了解图片与图片之间的关系。例如，教师可以用问题"这几幅图中哪些是一样的？哪些地方不一样？可能发生了什么？"等引导幼儿思考。引导幼儿构思故事的情节，按顺序将多张图片的内容、图片与图片之间的联系用完整、连贯的语句表达出来。例如，引导幼儿学习使用关联词语"接着""然后"等。多幅讲述不仅要求幼儿讲述图片上所描绘的对象及特征，还要将图片的细节、非显著特征描述出来；教师还可以引导幼儿讲述表情、心理活动、语言交流等细节。

（3）排图讲述。首先要求幼儿将无序的图片按照自己的想法排出顺序，然后再讲述图片的主要内容；之后教师请幼儿来做示范，引导幼儿自由排序，并按照排列的顺序把故事讲出来，同时常用"这样排列合理吗？"的问题引导幼儿讲述排列的原因。

2. 生活经验讲述

生活经验讲述要求幼儿将生活中所经历的最有趣、印象最深的部分，以完整、连贯的语句表达出来。在讲述中，要求幼儿将零散、碎片化的感受组织成一段有条理的语句进行表述。这种讲述不仅要求幼儿具有较强的表达能力，还要求幼儿能正确地感受和理解社会生活，了解人们之间的关系。生活经验讲述活动可以在三个年龄班开展。

3. 情景表演讲述

情景表演讲述是在某种情景表演后（如童话剧、木偶、玩具表演），在教师的帮助下，幼儿将表演中的情节、对话和内容连贯地表达出来的讲述活动。为了能使幼儿更好地进行讲述，应让幼儿在表演中集中注意力，保证准确的记忆，并且在表演完后马上把内容讲述出来。情景表演讲述活动一般在小班后期或中班早期开展。

4. 实物讲述

实物讲述往往伴随着观察进行，在观察中或观察后，要求幼儿将实物的基本特征、用途、使用方法等多方面的内容清楚地描述出来。描述的对象多种多样，但要注意与科学活动进行区分。与科学活动相比，实物讲述更侧重于描述、倾听等语言方面的目标，可在三个年龄班开展。

三、讲述活动的设计步骤及要求

（一）活动目标

活动目标要围绕小、中、大班幼儿讲述能力的发展特点、幼儿讲述的兴趣和发展需要来设计，讲述活动发展目标见表2-4。

表2-4 讲述活动发展目标

年龄班	目标
小班	1．愿意在集体面前讲述 2．会看画面，能根据画面说出图中有什么，发生了什么事等 3．能理解图书上的文字是和画面对应的，是用来表达画面意思的
中班	1．能基本完整地讲述自己的所见所闻和经历的事情 2．讲述比较连贯
大班	1．能有序、连贯、清楚地讲述一件事情 2．讲述时能使用常见的形容词、同义词等，语言比较生动

1．一个角度

统一目标表述的角度，突出幼儿的“主体”地位，即从幼儿的角度来描述目标。围绕幼儿的学习内容设计目标，目标表述语句通顺、无语病。

2．三个维度

从知识、技能、情感三个维度来设计目标，数量在三条左右，目标不能太多，要能够突出体现本次活动的重点学习内容，三者相辅相成。比如活动的技能目标设计为“幼儿能够通过想象构思人物的动作和语言，生动地讲述故事”，为了达到这个目标就必须设定“认真观察图片，理解图片的内容”来实现本节课的知识目标；而情感目标则贯穿于所有环节，激发幼儿的兴趣才能实现知识和技能目标。

3．三个要求

目标要求具备可行性、科学性，突出重难点。可行性即通过本次活动，能够达成的目标；科学性即目标不能出现知识和价值观上的错误；突出重难点即要求目标能够反映出本次活动的重难点内容。

想一想

根据中班幼儿讲述活动目标，结合图片特点，确定本次活动的目标，并确定重点和难点。

（二）活动准备

活动准备一般包括经验准备和物质准备两部分内容。

1．经验准备

经验准备是指幼儿在讲述活动开始前已经具备的相关知识和经验。比如幼儿已经学会观察图片的顺序，能够用简单的语言描述图片。

2. 物质准备

物质准备即完成本次活动需要准备的教具、学材、环境创设等。比如需要准备观察的对象，如需记录还要准备表格、纸笔等。

（三）活动过程

1. 创设情景，激发兴趣

讲述活动的第一个环节，教师需要调动幼儿的积极性，激发幼儿参与讲述活动的兴趣，教师可以采用多种方法，如出示与讲述对象有关的游戏、图片、手偶、声音等，吸引幼儿的兴趣。

2. 感知理解讲述对象

让幼儿感知并理解本次活动要“讲什么”，教师可以请幼儿仔细观察，并运用启发性的问题引导幼儿进行讲述。

（1）观察。教师可以一次性出示、逐幅出示或非顺序出示图片、实物等，激发幼儿进行观察的兴趣，引导幼儿观察图片、实物或回忆情景等。

（2）提问。教师可以用提问的形式引导幼儿进行讲述。

首先，提问要围绕主题进行，突出重点，避免按照固定模式如时间、地点、任务、事情的经过和结果等进行提问。如在中班看图讲述活动“母鸡罗丝去散步”中，教师应主要围绕“图片上发生了什么事情？母鸡罗丝都经过了哪里？”等问题来提问，并要求幼儿学会正确使用动词“绕过、走过、翻过、跳过”等词汇。

其次，提问要循序渐进、从易到难，激励幼儿积极思考。比如可以按如下顺序发问：“你看到了什么？都有什么？谁能描述一下发生了什么？谁能用生动的语言把人物的内心想法描述出来？”提问不仅要结合讲述内容，更要结合思维特点、表达能力等来进行。

再次，提问要有启发性。幼儿自己观察一般比较粗略，容易看到外部明显的动作和表情，而忽略图片内容内在的联系，这就会影响其对图意的理解。所以教师的设问必须具有启发性，有意识地引导幼儿进行思考，以促进幼儿思维和语言能力的发展。

3. 运用已有的经验进行讲述

引导幼儿运用已有的经验进行自由讲述，教师可采用提示的方式，包括讲述前的整体提示、讲述过程中的指图提示和递词提示等。在这个过程中，教师要鼓励幼儿大胆讲述，引导其他幼儿认真倾听。

4. 教师引进新的讲述经验

在幼儿自由讲述的基础上，可能会出现一些问题或者有待提升的地方，那么在这个环节，教师就需要提出新的讲述要求。提要求时，要确保所有幼儿都能理解，教师可以通过谈话、图示等有趣的方式引导幼儿。教师可以在讲述方面提要求，如连贯、流畅、完整地讲述；可以在讲述用词方面提要求，比如运用某些词语讲述；也可以在讲述内容方面提要求，比如要讲出人物的内心想法，讲出人物之间的对话等。

5. 巩固和迁移新的讲述经验

在此环节教师可以采用多种教学形式引导幼儿巩固新的讲述经验，如分组讲、集体讲、角色扮演等。

（四）活动延伸

活动延伸是为了保持教学活动的完整性、连贯性，从而更好地保证幼儿学习的深度和广度。常见的活动延伸的方式包括：

(1) 延伸到下一个活动，使半日活动或者一日活动成为一个有机联系的整体。例如，在“秋天的雨”讲述活动中，孩子能够简单地讲述图片上秋天的景色、人物以及事情的经过和结果。教师可以将延伸活动设计为带孩子出去看看大自然中的秋天景色，引导幼儿用语言描述，用画笔去画等。

(2) 延伸到区域活动，使区域活动成为教学活动的自然延伸。集体教学难以照顾到幼儿的个别差异，很难满足每个幼儿的兴趣和需要，而区域活动可以进行很好的补充。

(3) 延伸到家庭和社会活动中，真正实现幼儿园与家庭、社会的密切配合。现阶段的主题综合教育对资源的依赖性较强，幼儿园的资源有限，所以充分利用家庭与社会的教育资源是必然的。

想一想

根据讲述活动的设计步骤，结合“不捞小蝌蚪”活动的目标，确定活动思路的设计。

活动设计

传统的讲述活动也有一个固定模式：教师出示图片，根据图片设计问题；教师示范讲或请能力较强的幼儿讲，或由全班幼儿跟着教师一起讲；最后概括图片内容并起名字。幼儿的思维容易被教师的问题所限制，教师成了活动的引领者、灌输者，幼儿成了被动的接受者和消极的记忆者，不利于引导幼儿思考与想象。教师在设计讲述活动时要突出幼儿的主体地位，尽可能地激发幼儿的想象力，引导幼儿生动、形象地讲述故事。

分析“不捞小蝌蚪”任务中的四幅图片，抓住图片的关键信息（时间、地点、发生的事情、人物动作及表情等），根据以上讲述活动设计的要求，从活动目标、活动准备、活动过程、活动延伸四个部分进行设计，完成“不捞小蝌蚪”的活动设计。

在完成设计以后，结合讲述活动设计评价表（见表2-5）进行自评和互评，并提出修改意见，完善设计。

表2-5　讲述活动设计评价表

评价项目	评价内容	自评与他评
活动目标	1．目标围绕幼儿讲述能力的培养进行设计 2．目标涉及知识、技能、情感态度三个方面 3．表述正确，目标有较强的可操作性	☆☆☆☆☆
活动准备	1．活动准备包括经验准备和物质准备两个部分 2．经验准备描述准确、符合实情，物质准备要满足幼儿需要	☆☆☆☆☆

（续）

评价项目	评价内容	自评与他评
活动过程	1. 活动过程设计包含：创设情景，激发兴趣；感知理解讲述对象；运用已有的经验进行讲述；教师引进新的讲述经验；巩固和迁移新的讲述经验 2. 环节与环节之间的过渡语流畅自然 3. 各个环节教学意图明确，能够围绕目标完成设计 4. 在突破重点和难点时，方法设计有趣、有用	☆☆☆☆☆
活动延伸	1. 延伸活动可以对课堂内容进行广度或深度上的拓展 2. 活动延伸符合幼儿的兴趣和发展需要	☆☆☆☆☆

模拟教学

讲述活动在开展时需要注意以下几点：

（1）在感知理解讲述对象时，教师要引导幼儿观察对象，通过提问等方式，激发幼儿想象，启发幼儿讲述，为之后的讲述活动做准备。

（2）在明确交代讲述活动的要求后，教师要为幼儿提供充分的机会和时间，让幼儿完整、独立地讲述。在幼儿讲述期间，教师最重要的任务是倾听，发现幼儿的闪光点和问题。

（3）引进新的讲述经验时，教师可以通过示范、提示或讨论等方式帮助幼儿理清讲述思路，学会新的讲述方式。

结合讲述活动组织评价表（见表2-6），针对模拟教学中存在的问题进行修正，提升教学组织能力。

表2-6 讲述活动组织评价表

评价项目	评价内容	自评与他评
活动准备	教学材料、幼儿学习材料准备充分	☆☆☆☆☆
情景导入	1. 激发幼儿对讲述活动的兴趣 2. 明确提出讲述对象	☆☆☆☆☆
主体部分	1. 感知讲述对象环节，教师选择有趣的方式展示对象并设计问题，引导幼儿感知理解 2. 运用已有经验讲述环节，鼓励幼儿大胆讲述，引导其他幼儿认真倾听 3. 提出明确的讲述要求，方法得当且符合幼儿能力水平 4. 以合适的方式引导幼儿巩固新的讲述经验，尽量照顾到全部幼儿 5. 提问语和引导语恰当有效 6. 语言自然、亲切、流畅，教态得体，动作适宜	☆☆☆☆☆
结束部分	结束自然，明确交代活动延伸内容，激发幼儿继续学习的兴趣	☆☆☆☆☆

拓展任务

拓展任务：小班单幅图讲述“春天”

春天来了，身边的环境有了很多的变化，请自行找一幅适合幼儿观察的图片，尝试引导幼儿组织语言进行讲述。

案例分享

【案例2-2】 讲述活动设计

活动名称	小红伞　大班　讲述活动
活动目标	1．提高幼儿参加看图讲述活动的兴趣，体验与同伴分享讲述过程的乐趣 2．认真细致观察图片，在读懂图意的基础上大胆想象角色的动作和对话 3．尝试借助图示卡，初步学习较生动地讲述，能够说出人物之间的对话，运用恰当的动词表述相应的动作
活动准备	1．经验准备：幼儿已了解伞的外形特征 2．物质准备：三张大幅挂图、幼儿两人一套小幅图片、图示卡若干
活动过程	（一）展示图片，激发幼儿参与活动的兴趣 师：小朋友们，今天老师给大家带来一个好听的故事，故事就藏在这些图片里，我们一起来找一找 （二）感知理解图片内容，引导幼儿讲述图片 1．观察图一，重点引导幼儿观察、理解故事发生的背景 师：图片上有谁？它在干什么？天气怎么样？看到天空乌云密布，小兔心里会想什么、做什么呢？ 2．请幼儿完整讲述第一幅图（引导幼儿理解天气与小红伞的关系） 3．观察图二，重点引导幼儿细致观察图片，想象角色的动作和对话 师：小兔拿着小红伞走到了果园，碰到了小刺猬，发生了什么事？它们之间会说些什么、做些什么呢？（引导幼儿恰当运用动词：踮起、勾下等） 4．鼓励幼儿两人一组表演图片二，用对话和动作来表达图片内容（引导幼儿理解怎样用小红伞来帮助小刺猬） 5．观察图三，重点引导幼儿观察动物的动作和表情 师：小兔继续往前走，来到蘑菇地，遇见了谁？它们心里会想些什么？（引导幼儿观察小兔的动作和大灰狼的表情） 师：它们会怎么做？（引导幼儿讲述怎样用小红伞来躲开大灰狼） 6．观察图四，再次感受小红伞的作用，并给故事起一个名字 （三）请幼儿看图讲述完整的故事，教师进行指导 师：老师要请小朋友们来看图讲述一个完整的故事，故事要有趣、好听，谁来试试？ （四）结合图示卡，提出看图讲述的要求 师：怎么样才能把故事讲得生动、好听，每个人都爱听呢？ 小结：讲故事首先要起一个名字，要讲得连贯完整，还要说出动物的表情、动作和对话。小云朵贴在哪儿，就表示是内心的想法，也表示对话。听故事的小朋友要认真听
活动延伸	1．教师在美工区投放材料，引导幼儿自己制作小花伞 2．教师将图片放在语言区，引导幼儿自由讲解
附	图片见教学资源包

【案例2-3】 讲述活动设计

活动名称	狐狸和小鸟　中班　讲述活动
活动目标	1．学习运用“可是”“接着”等连接词和“伤心”“开心”“高兴”“快乐”等形容词，能比较连贯地讲述图片内容 2．能够从整体到局部进行观察，并能够运用恰当的词语进行讲述 3．喜欢参与看图讲述活动，体验乐于助人的快乐
活动准备	经验准备：幼儿针对单幅图片和多幅图片已经具备一定的讲述能力 材料准备：PPT、每人一份图片
活动过程	（一）感知理解讲述对象，激发幼儿兴趣 1．播放音频“小鸟的叫声”，引出活动主题 师：小朋友听谁来了？今天我们一起来看图讲述一个关于小鸟的故事 2．出示图一，引导幼儿学习观察并简单讲述单张图片的基本内容 师：图上有谁？在什么地方？发生了什么事情？它的心情怎么样？ （二）幼儿分组讲述，引导幼儿按图片顺序观察并连贯地讲述三张图片的主要内容 1．幼儿两人一组，自由讲述 师：谁来帮助小鸟？它们是怎么帮助小鸟的？老师又带来了两张图片，请小朋友两人一组，按图片顺序，用完整语句连贯地讲述三张图片内容 2．每组代表讲述 师：请小朋友仔细听，听听他是否按照图片的顺序连贯讲述图片内容，听听他们的故事里用到了那些词你最喜欢，一会告诉老师和小朋友 （三）教师示范讲述，引导幼儿学习运用“可是”“接着”等连接词比较连贯地讲述图片内容 师：老师也讲一个好听的故事，请小朋友注意听老师用了哪些好听的词语把故事连接起来了 小结：小朋友在讲故事的时候，可以用“可是”“接着”这样的词，这样故事会更加的连贯流畅 （四）幼儿分组讲述并进行手偶表演，引导幼儿运用“可是”“接着”等连接词连贯地讲述图片内容 1．幼儿四人一组，操作手偶自由讲述 师：请小朋友选择喜欢的手偶并戴在手上，运用“可是”“接着”等连接词，完整地讲述一个好听的故事 2．每组派代表讲述、表演 师：请每组小朋友把自己编的好听的故事边表演边讲给其他小朋友听，其他小朋友听听他们的故事里，你最喜欢哪句完整的句子和词语
活动延伸	把图片投放在语言区让幼儿大胆地发挥想象去创编新的故事

任务三　听说游戏的设计与组织——大班听说游戏“请上车”

【学习目标】

1．了解幼儿园听说游戏的教育目标。

2．掌握幼儿园听说游戏的类型。

3．掌握幼儿园听说游戏的设计步骤。

4．能够合作完成模拟教学，并能够根据评价进行修正，完善设计。

案例情景

大一班幼儿在使用“因为”“所以”等关联词说话的时候，总是出现各种各样问题，为了能让幼儿正确运用“因为”“所以”等关联词，教师希望通过一个游戏，激发幼儿学说兴趣的同时，提升表达能力。

提出任务

请依据以上情景，结合听说游戏活动的设计要求，完成一份大班听说游戏“请上车”的教学设计，并进行模拟教学。

“请上车”游戏介绍：（1）幼儿扮演司机，口中念儿歌：嘟嘟嘟，汽车开，我的汽车真奇怪；小朋友，要坐车，不要你把车票买；只要对上我的话，就能坐到车上来。小朋友，你们想上我的汽车吗？谁对上就请谁上来。（2）游戏规则：①“司机”必须用“因为”说一句话；②“乘客”必须用“所以”完整地对上“司机”的话，才能上车，否则不能上车。

学习新知

一、听说游戏概述

幼儿园的听说游戏是用游戏的方式组织幼儿进行的语言教育活动。它是一种特殊形式的语言教育活动，引导幼儿在积极愉快的活动中完成语言学习的任务。

听说游戏的特点包括：在游戏中包含着语言教育目标，并具有具体、练习、含蓄的特点；将语言学习的重点内容转化为游戏规则。听说游戏的规则并不是随意制定的，而是教师在设计听说游戏时，根据具体的教育目标，选择适当的语言学习内容，并将本次活动的语言学习重点转化为一定的游戏规则。

二、听说游戏的类型

1. 语音练习游戏

语音练习游戏是以练习幼儿正确发音，提高幼儿辨音能力为目的的一种活动。如“山上有个木头人”游戏可以锻炼幼儿“shan”和“san”的发音；“拉大锯”游戏可以锻炼幼儿“ju”“xi”等发音。

2. 词汇练习游戏

词汇练习游戏是以丰富幼儿的词汇和正确运用词汇为目的的游戏，如“词语接龙”游戏。

3. 句子和语法练习游戏

句子和语法练习游戏可以帮助幼儿逐步从简单句过渡到复合句，帮助幼儿学说句子并学会简单的语法。

4. 描述性游戏

描述性游戏是以训练幼儿用比较连贯的语言具体形象地描述事物，提高口语表达能力的游戏。如大班听说游戏活动“金锁银锁”“我说你猜”等游戏。

三、听说游戏的设计步骤及要求

（一）活动目标

听说游戏活动目标的设计要考虑幼儿不同年龄阶段的特点和发展目标（见表2-7），还要考虑幼儿的兴趣和需要，目标既要关注幼儿知识掌握、能力提升，也要考虑幼儿的情感态度。目标设计书写要求同其他已学活动一致。

表2-7 听说游戏活动发展目标

年龄班	目标
小班	1．乐于参加游戏活动，在游戏中敢于大胆地说话 2．喜欢练习一些易错的音 3．在游戏中尝试按照规则进行简单地说话
中班	1．喜欢在游戏中练习词语、句子或语法等 2．能较迅速的领悟游戏中的语言规则，并能及时做出相应的反应
大班	1．养成积极倾听的习惯，能迅速把握和理解游戏中较复杂的多重指令 2．能够在游戏中按照规则迅速进行语言表达

想一想

设计听说游戏“请上车”的教学目标，明确活动的重点和难点。

（二）活动准备

经验准备：经验准备是指开展此次教育活动之前，本班幼儿需要具有的经验基础。

物质准备：例如活动所需要的多媒体资源、课件等，有时还需要有场景布置，准备图片、挂图、实物等教具。

（三）活动过程

1．创设情景，激发兴趣

设置情景的主要目的在于为幼儿创设轻松、愉悦的游戏氛围，引发幼儿参与游戏的兴趣。教师可以采用情景导入、谈话导入、视频导入等方法导入游戏。

2．交代游戏规则、玩法

在创设游戏情景之后，教师需要向幼儿交代游戏的规则、玩法，可以通过讲解和示范相结合的方式，告诉幼儿游戏的规则、步骤和要求。

教师在交代游戏规则、玩法时要注意以下几点：

（1）用简洁明了的语言讲解。在交代游戏规则、玩法时，切忌进行啰唆、冗长的解释，以防幼儿抓不住要领，不能及时理解游戏规则、玩法，影响游戏的进程。

（2）要讲清楚听说游戏的规则要点和游戏的开展顺序。听说游戏的规则要点一般都是游戏中幼儿要按照规范说出的话，教师应当让幼儿明白说什么和怎样说，以便他们能够在参与游戏时付诸实施；同时要帮助幼儿清楚地理解游戏的开展顺序，先做什么，后做什么，什么角色做什么。保障幼儿能够顺利地开展活动。

（3）教师要用较慢的语速进行讲解和示范。教师在交代游戏规则、玩法时使用的语速要慢，尤其是针对游戏规则问题的回答或是说一句话进行示范时，一定要保证让幼儿听清楚，因为这种语言带有示范的性质。

3. 教师引导游戏

教师带领幼儿开展游戏，此时教师在游戏中充当重要角色，可以主宰游戏的进程。幼儿在这个过程中可以以两种方式参加游戏：一种是部分幼儿参加游戏，实行轮换制，给另一部分幼儿观察熟悉的机会；另一种是全体幼儿参加游戏的一部分内容，待幼儿熟悉游戏后再开展完整的游戏。

教师引导幼儿参加游戏有利于幼儿在活动过程中熟悉游戏规则，进一步明确和掌握游戏的玩法，掌握在游戏中运用语言交往的基本思路，从而为独立开展听说游戏做好充分的准备。

4. 幼儿自主游戏

在幼儿自主游戏阶段，教师可以放下引导者的身份，放手让幼儿自己开展活动。此时教师需要观察幼儿的表现并进行巡回指导，并对个别不熟悉规则的幼儿进行帮助。同时教师也需要注意发现幼儿在游戏中可能出现的矛盾与纠纷，并及时解决。

幼儿自主游戏的方式可以根据各个游戏的具体要求来进行选择。有的以集体活动的形式进行游戏，全班幼儿均可参与；有的以小组形式开展游戏，教师可让幼儿自由组合，选择适当场地进行活动；也可以以一对一结伴的方式进行游戏。采用何种活动形式取决于幼儿参与活动是否可以取得最佳效果。

（四）活动延伸

为了保持教学活动的完整性、连贯性，激发幼儿继续探索学习相关内容，教师可以将活动内容延伸到区角活动、家园社区互动活动中等。

想一想

进行合作讨论，初步确定听说游戏“请上车”的教学过程设计思路。

活动设计

首先，围绕教学目标、幼儿兴趣和年龄特点完成活动准备、活动过程和活动延伸的设计。活动过程包括创设情景，激发兴趣；交代游戏规则、玩法；教师引导游戏；幼儿自主游戏和结束部分。其次，在听说游戏的设计中，突出重点和难点部分的设计，描述准确详细。最后，在完成设计以后，结合听说游戏活动设计评价表（见表2-8）进行自评和互评，并提出修改意见，完善设计。

表2-8 听说游戏活动设计评价表

评价项目	评价内容	自评与他评
活动目标	1. 目标涉及知识、技能、情感三个方面 2. 表述正确，目标有较强的可操作性	☆☆☆☆☆
活动准备	1. 活动准备包括经验准备和物质准备两个部分 2. 环境、材料适宜，能最大程度的支持和满足幼儿学习、探索	☆☆☆☆☆
活动过程	1. 活动过程设计包括：创设情景，激发兴趣；交代游戏规则、玩法；教师引导游戏；幼儿自主游戏和结束部分 2. 设计结构严谨，层次清楚，环节衔接流畅 3. 过程设计详细，体现教与学，以及为每个环节设置关键引导语	☆☆☆☆☆
活动延伸	1. 对课堂教学内容进行广度或深度上的拓展 2. 符合幼儿的兴趣需要	☆☆☆☆☆

模拟教学

在进行模拟教学前，教师要结合幼儿园教学的实际工作要求，创设适合的情景，准备好场地、教具、学材等。在听说游戏组织实施中，教师要调动幼儿的积极性，清楚明白地讲解听说游戏的规则，引导幼儿游戏。教师不仅要关注集体，也应该关注个别幼儿，特别是能力较差的幼儿；同时教师也要维护游戏的规则，引导幼儿在游戏中学说“因为”“所以”。通过录制视频、文字记录等方式真实记录教学过程。结合听说游戏活动组织评价表（见表2-9），针对模拟教学中存在的问题进行修正，提升教学组织能力。

表2-9 听说游戏活动组织评价表

评价项目		评价内容	自评与他评
活动准备		1. 材料在最大程度上支持和满足幼儿学习、探索、操作的需要 2. 环境创设符合教学内容	☆☆☆☆☆
情景导入		创设游戏情景，激发幼儿参与游戏的兴趣	☆☆☆☆☆
主体部分	总体要求	有意识的指导幼儿游戏，引导幼儿熟悉规则	☆☆☆☆☆
	自主游戏	1. 根据游戏内容，合理选择集体形式或分组形式，引导幼儿自主游戏 2. 在游戏中关注幼儿按规则进行游戏，维护规则 3. 关注个别幼儿，注意游戏的安全性	☆☆☆☆☆
	语言教态	语言亲切，教态有亲和力，注重和幼儿的互动	☆☆☆☆☆
结束部分		方法有趣，引导幼儿回顾本节课的重点，同时也要激发幼儿继续学习的兴趣	☆☆☆☆☆

拓展任务

拓展任务一：小班句子语法练习游戏“你好”

要求：按照听说游戏步骤，完整地设计游戏活动的目标、准备和过程。

游戏：教师和幼儿练习小鸡、小猫、小狗的叫声，学习“××见面，×××，×××”的句型。教师和幼儿边念儿歌边变化角色表演，随后共同创编儿歌继续表演。

儿歌：小鸡见面，叽叽叽，叽叽叽；小猫见面，喵喵喵，喵喵喵；
小狗见面，汪汪汪，汪汪汪；小朋友见面，你好！你好！

拓展任务二：中班描述性游戏“我说你猜”

要求：按照听说游戏步骤，完整地设计游戏活动的目标、准备和过程。通过游戏，增强幼儿的语言组织和描述能力。

游戏：教师出示各种物品的卡片，请幼儿两两一组，一个幼儿描述卡片上的物品，但是不能说出物品的名字，另一个幼儿猜测。

案例分享

【案例2-4】 听说游戏活动设计

活动名称	山上有个木头人　小班　听说游戏
活动目标	1．能正确发出“山”（shan）、“三”（san）等字音，区别“s”和“sh”、“an”和“ang”等音 2．听懂并理解简单的游戏规则，提高对指令性语言的倾听水平 3．喜欢参与游戏，提升自我控制的能力以及听说应变能力
活动准备	拉线木偶玩具一个
活动过程	（一）出示木偶，创设游戏情景，引起幼儿的兴趣 1．教师用木头人的口吻介绍游戏 师：我是木头人，今天我想和小朋友一起玩一个游戏，名字叫作“山上有个木头人” 2．教师边操作木偶拉线，边唱儿歌（山山山，山上有个木头人；三三三，三个可爱的木头人。不许说话不许动！）。帮助幼儿学会唱游戏儿歌，正确发出每个字音，特别是“山”“上”和“三” 师：谁想和我玩游戏呢？那你必须先告诉我，刚才我说了些什么 （二）向幼儿介绍游戏的规则与玩法 师：游戏时须唱儿歌，并可以自由做动作。儿歌唱完后，不能动也不能发出声音。如果谁动了或发出了声音，就必须把手伸给同伴，而同伴则拉住他的手说：“本来要打千千万万下，因为时间来不及，马马虎虎打三下。”然后边拍同伴的手心边数“一二三”，游戏结束 （三）教师以游戏参与者的身份分别与全体或个别幼儿进行交往活动，给幼儿观察和练习的机会 1．教师带领全体幼儿边唱儿歌边坐在椅子上自由做动作，鼓励幼儿做出各种动作以增加游戏的趣味性。儿歌唱完后，教师自己故意先动，然后伸出一只手让全班幼儿边说边打三下，给幼儿练习游戏语言的机会 师：小朋友们，现在我们一起来玩游戏，大家边唱儿歌边做动作 师：老师动了，那小朋友怎么办？我们应该怎么说？ 2．教师与个别幼儿游戏，及时纠正个别发不准的音 师：老师邀请一个小朋友和老师一起来玩游戏 （四）幼儿自主游戏 1．教师安排幼儿与同伴结队，自由组合，自主开展游戏。注意提醒幼儿遵守游戏规则，与同伴友好合作 2．教师点评幼儿游戏表现，结束活动
活动延伸	请幼儿在家里和爸爸妈妈一起玩这个游戏，巩固发音

任务四　故事活动的设计与组织——中班故事活动“蛇偷吃了我的蛋”

【学习目标】

1．了解幼儿园故事活动教育目标和教育价值。
2．掌握幼儿园故事活动内容的选材特点。
3．掌握幼儿园故事活动的设计步骤。
4．能够合作完成模拟教学，并能够根据评价进行修正，完善设计。

案例情景

“蛇偷吃了我的蛋”这个故事具有浓郁的童话色彩。故事简短、精悍，重复的故事情节、一环一环的追寻，调足了幼儿的兴趣。中班幼儿还不能比较连贯的自主的推测故事情节，而故事中简单的对白让他们有机会跟着一起来寻找答案。根据故事中问答式的对话，幼儿可以预测故事未来的情节发展，并可以进行大胆的表达，从中得到成就感和满足感。

提出任务

依据以上情景，完成中班故事活动“蛇偷吃了我的蛋”的设计，并进行模拟教学。分析故事内容，结合中班幼儿的年龄特点，完成活动目标、活动准备、活动过程和活动延伸的设计。

学习新知

一、故事活动的意义

幼儿故事是幼儿最喜爱的文学载体，故事活动也是幼儿园文学作品活动的主要内容，在幼儿语言教育活动中具有重要作用。通过故事活动，不仅能提高幼儿对文学作品的理解感悟能力，促进其语言能力的发展，而且还可以将语言、社会、科学、艺术、健康等领域的内容加以整合，促进幼儿全面发展。

幼儿故事一般包括童话故事、神话故事、历史故事、传说故事、成语故事、幼儿生活故事和笑话等多种形式；幼儿园故事活动中的故事一般选择内容偏重于写实、适合幼儿欣赏的童话故事和幼儿生活经验故事等。

二、故事活动的选材要点

故事活动的首要问题是选材，故事活动所选的故事除了要遵循文学作品的文学性、教育性等一般特点以外，还要考虑故事本身的一些条件。

故事活动中所选的作品要内容简单，易于幼儿理解；作品内容要健康明朗，具有一定的思想教育意义；作品情节生动有趣、有起伏，按一般顺序记叙，符合幼儿年龄特点和心理发展水平；故事要留给幼儿发挥想象的空间，利于训练幼儿创造性思维；故事要有针对性，可结合幼儿的思想状况，及时选择相关主题的故事进行教育。

想一想

根据故事“蛇偷吃了我的蛋”的特点，总结故事教学中的重点和难点。

三、故事活动的设计步骤及要求

（一）活动目标

故事活动目标的设计要考虑幼儿不同年龄阶段的特点和发展目标（见表2-10），还要考虑幼儿的兴趣需要和作品的特点。

表2-10　故事活动发展目标

小班	1．主动要求家长和教师讲故事 2．爱护图书，不乱撕、乱扔 3．会看画面，能根据画面说出图中有什么，发生了什么事等 4．能理解图书上的文字是和画面对应的，是用来表达画面意义的
中班	1．反复看自己喜欢的书籍 2．喜欢把听过的故事或看过的书籍讲给别人听 3．能在理解故事的基础上，大致说出故事的情节 4．能随着作品的展开产生喜悦、担忧等相应的情绪，体会作品所表达的情绪情感
大班	1．专注地阅读书籍 2．喜欢与他人一起谈论书籍和故事的有关内容，能说出故事的主要内容 3．对书籍和生活情景中的文字符号感兴趣，知道文字表示一定的意义 4．能根据故事的部分情节、线索猜想故事情节的发展，或续编、创编故事 5．对看过的书籍、听过的故事能说出自己的看法

想一想

根据故事“蛇偷吃了我的蛋”并结合中班幼儿故事活动教育目标，设定活动目标，并确定重点和难点。

（二）活动准备

活动准备一般包括经验准备和物质准备两部分内容。

1．经验准备：经验准备是指幼儿学习该故事之前，已经具备的相关知识和经验。如对故事相关的事情，幼儿已经具备了一定的经验。

2．物质准备：完成本次活动所需的教具、学材、环境创设等。

（三）活动过程

1．创设情景，引出故事

在讲故事之前，为了激发幼儿欣赏作品的兴趣，教师需要创设一定的情景导入活动。例如，用图片或幻灯片导入活动，用玩具、木偶表演或真人表演引出故事，用提问的方式引出故事，用游戏引出故事等。教师要根据实际需要恰当选择，一定要明确创设情景的目的是引起幼儿参与活动的兴趣。

2．教师生动有感情地讲述故事

该环节教师可以利用图片、教具完整地讲述故事，引导幼儿感知故事。在讲故事的过程中注意和幼儿的互动，可以让幼儿观察图片猜测故事情节，也可以通过提问的方式，请幼儿思考故事情节。讲完故事后，教师可以提一些描述性的问题，如“故事的名字是什么？”“故事中有哪些人物？”“发生了什么事情？”“最后怎么样了？”等。教师还可提出一些假设性的问题，引起幼儿想象、讨论，如“乌龟还会带小松鼠到哪儿去？它们还会听到什么声音？”“假如你是小松鼠，你会叫乌龟带你到哪儿去？”等。鼓励幼儿大胆想象，将故事主题与现实生活结合，让幼儿体会到大自然的美妙和生活的美好。

3. 理解故事

通过挂图、教具、故事表演和提问（理解性、运用性提问等），帮助幼儿理解故事的主题、情节、语言特征等。如童话“会动的房子”教学活动中，教师可使用思考性提问，如“房子为什么会动？”“这是一只什么样的小松鼠？你喜欢它吗？为什么？”“这是一只什么样的乌龟？你喜欢它吗？为什么？”。引导幼儿理解故事的主题、人物性格和心理特征等。

4. 围绕故事开展创造性活动

在幼儿理解故事的基础上，教师可以引导幼儿围绕故事开展相关活动，帮助幼儿巩固对故事的理解。可以开展故事表演、复述故事、创编故事、续编故事等活动。

小班幼儿可开展编结局活动，即幼儿根据个人对故事语言、情节、人物、主题的理解，在故事行将结束时通过想象为故事编构一个结局；中班幼儿可开展编高潮和结局活动，即编“有趣情节”；大班幼儿可开展编完整故事活动。

（四）活动延伸

为了保持教学活动的完整性、连贯性，激发幼儿继续探索学习相关内容，教师可以将活动延伸到户外活动、区域活动、家庭或社会活动中。

想一想

通过小组合作，确定“蛇偷吃了我的蛋”活动过程的设计思路。

活动设计

围绕活动目标，设计活动准备、活动过程、活动延伸等部分。在设计中，教师要把握故事语言特点、画面特点、认知特点和情感特点，引导幼儿在愉快的氛围中主动学习，感受故事内容情节、情感寓意等。完成设计后，根据故事活动设计评价表对活动设计进行评价，见表2-11。

表2-11 故事活动设计评价表

评价项目	评价内容	自评与他评
活动目标	1. 目标涉及知识、技能、情感三个方面 2. 表述正确，目标有较强的可操作性	☆☆☆☆☆
活动准备	1. 活动准备包括经验准备和物质准备两个部分 2. 环境、材料要适宜，能最大程度的支持和满足幼儿学习、探索	☆☆☆☆☆
活动过程	1. 活动过程设计包括：创设情景，引出故事；教师生动有感情地讲述故事；理解故事；围绕故事开展创造性活动 2. 设计结构严谨，层次清楚，环节衔接流畅 3. 每个环节教学意图明确，重点和难点凸显 4. 各环节衔接语恰当	☆☆☆☆☆
活动延伸	1. 延伸活动可以对课堂教学内容进行广度或深度上的拓展 2. 活动延伸符合幼儿的兴趣需要	☆☆☆☆☆

模拟教学

在进行模拟教学前，结合幼儿园教学的实际工作要求，创设适合的情景，准备好场地、教具、学材等。在活动过程中，要积极引导幼儿完整学说故事里的对话并尝试表现出角色特点，对于幼儿的精彩表现要给予及时地表扬，在活动中鼓励幼儿大胆表现，激发幼儿的语言交往能力。通过录制视频、文字记录等方式真实记录教学过程。最后，结合故事活动组织评价表（见表2-12），针对模拟教学中存在问题进行修正，提升教学组织能力。

表2-12　故事活动组织评价表

评价项目		评价内容	自评与他评
活动准备		1. 材料在最大程度上支持和满足幼儿学习、探索、操作的需要 2. 环境创设符合教学内容	☆☆☆☆☆
情景导入		1. 创设情景，激发幼儿倾听故事的兴趣及讲故事的欲望 2. 生动地引出故事内容	☆☆☆☆☆
主体部分	初步感知故事	1. 生动形象地讲述故事，可以运用夸张的动作、表情、语调来帮助幼儿理解人物形象和特点 2. 巧妙地利用辅助教具，能够帮助幼儿感知故事内容及人物形象、特点 3. 能够围绕故事提一些描述性问题，引导幼儿回顾故事的主要内容	☆☆☆☆☆
	深入理解故事	1. 选择恰当的方法，帮助幼儿理解故事内容，图片展示、表演等方式 2. 教师设计激发幼儿思考的问题，帮助幼儿理解故事的情节 3. 针对故事理解中的重点和难点，教师选择恰当的方法引导幼儿学习，如表演、学说句子等方式 4. 注重与幼儿的互动，能够运用假设性问题，帮助幼儿理解故事中的寓意及内涵	☆☆☆☆☆
	拓展活动	1. 围绕故事开展的相关活动符合幼儿的年龄特点和兴趣点 2. 能够对幼儿的表现进行鼓励性评价，发现幼儿的闪光点	☆☆☆☆☆
	语言教态	1. 教态自然、大方，有亲和力 2. 声音抑扬顿挫，有感染力 3. 环节衔接流畅	☆☆☆☆☆
结束部分		方法有趣，引导幼儿回顾本节课的重点，同时也要激发幼儿继续学习的兴趣	☆☆☆☆☆

拓展任务

拓展任务一：大班故事活动“小猪变形记”

幼儿长大的过程是对自我重新认知、认可乃至欣赏的过程。“我是谁？”“我为什么是我？”“怎么做我才是最快乐的？”……这大概是每个幼儿在成长过程中都会想的问题。“小猪变形记”这个故事不仅能使幼儿的想象力得以发挥，而且通过与作品的互动，让幼儿在想一想、说一说、笑一笑的过程中可以学会欣赏自己，喜欢自己。请完成大班故事活动“小猪变形记”的设计与组织。

拓展任务二：中班故事活动“神奇的小火车”

这是一个非常有趣的故事，通过乘坐小火车的形式，让幼儿了解一些事物的变化。在该故事活动中，教师不仅可以引导幼儿了解桃子、毛毛虫等变化的知识，还可以激发幼儿的好奇心，继续探索其他事物的变化，感受事物的成长变化，从而引发幼儿对自身成长的关注。请完成中班故事活动“神奇的小火车”的设计与组织。

案例分享

【案例2-5】 故事活动设计

活动名称	会动的房子　中班　故事活动
活动目标	1．感受故事情节的新奇有趣，体验仿编故事的乐趣 2．能根据故事情节大胆想象并进行仿编，尝试与别人想得不同、编得不同 3．能安静倾听别人讲述，并能大胆与人交流
活动准备	1．经验准备：幼儿已经具备一些仿编儿歌、故事的经验 2．物质准备：故事图片一套，范例图示一张；幼儿每人一张画有图示的纸，笔若干
活动过程	（一）提问导入，激发幼儿兴趣 师：你见过会动的房子吗？我们一起听故事“会动的房子”，请小朋友听听故事里有谁，会动的房子把它带到了哪些地方 （二）熟悉、理解故事内容 1．老师生动讲述故事开始和中间部分 师：故事叫什么名字？故事里都有谁？小松鼠找到了一个什么样的地方建造新房子？小松鼠的房子带它到了哪些地方？ 2．引导幼儿猜测故事结尾 师：小松鼠的房子为什么会动呢？ 3．听故事结尾部分 师：故事里说小松鼠的房子为什么会动？ （三）结合图片，深入理解故事 1．教师边出示图片边完整讲述故事 师：我们再来听一遍故事，这次请小朋友仔细听听，乌龟爷爷把小松鼠带到了什么地方，小松鼠看见了些什么、说了些什么 2．教师结合图片，分段引导幼儿理解并讲述 师：第二天，小松鼠发现自己到了什么地方？它看见了什么？说了些什么？（教师将小朋友回答的内容用图示表示出来，并引导幼儿连起来讲一次） 师：第三天，小松鼠发现自己到了什么地方？它看见了什么？说了些什么？（同样用图示表示，并要求幼儿连起来讲） （四）仿编故事 1．师幼讨论，尝试创编 师：乌龟爷爷还会带着小松鼠到哪些地方去旅游？小松鼠会看到或遇到些什么好玩的、有趣的事？它会说些什么呢？ 2．请个别幼儿尝试仿编，并引导幼儿使用符号、图案表示出来，并完整讲述 3．每人一份图示，幼儿自由仿编、记录，并完整讲给同伴或老师听 师：下面我就给每个小朋友发一张图，你们要把自己编的乌龟爷爷带小松鼠到了什么地方，看见了什么，说了什么，用图示表示出来。如果遇到不会画的东西，你可以用一个符号来表示，只要你自己看得懂就行了。编完后，还可以把你仿编的内容讲给小朋友或老师听 结束活动：幼儿交流创编故事内容，结束活动
活动延伸	1．教师把故事图片放到语言区，请幼儿继续创编故事 2．请幼儿回家把故事讲给爸爸妈妈，和爸爸妈妈一起创编故事

【案例2-6】 故事活动设计

活动名称	一根羽毛也不能动　大班　语言活动
活动目标	1．学习观察并理解鸭子和鹅比赛一波三折的过程，欣赏和感受跌宕起伏的故事情趣 2．大胆猜想鸭子和鹅遇到考验时的心理活动和种种表现，创造性的讲述故事情节 3．敢于发表对冠军含义的独特见解，体验辩论游戏的快乐
活动准备	故事课件、羽毛、兔子手偶、鹅和鸭子的图片、与幼儿人数相同的双色卡片
活动过程	（一）情景导入，开展游戏"一二三，木头人比赛"，引导幼儿体验坚持不动的独特感受 1．介绍比赛规则 2．幼儿比赛时，教师有意制造干扰，加深幼儿体验 3．交流分享中，教师进行提问："你认为坚持不动容易吗？" （二）出示课件，介绍绘本名称及故事中的角色 1．出示鸭子和鹅的图片，介绍故事中的角色 2．出示课件，生动讲述故事 师：今天，我们来听一个鸭子和鹅玩木头人比赛的故事吧！故事的名字叫"一根羽毛也不能动" （三）结合课件分段讲述故事内容，感受和理解鸭子和鹅比赛一波三折的过程 1．结合课件讲述故事第一段，感受鸭子和鹅为了争夺冠军的急切心情 师：刚才它们比赛了哪两个项目？结果怎么样？ 2．结合课件讲述故事第二段，重点引导幼儿学习细致观察画面内容 （1）观看"蜜蜂来了"课件，完整讲述图片内容 师：蜜蜂要做什么？你猜鸭子和鹅会怎么样？ （2）观看"兔子来了"课件，完整讲述图片内容 师：仔细观察图片，说说兔子在干什么？猜想一下鸭子和鹅会动吗？为什么？ （3）观看"乌鸦来了"课件，完整讲述图片内容 师：乌鸦来了，乌鸦打扰鹅时，鸭子是怎么想的？乌鸦这样对它们，鸭子和鹅会有什么感觉？ 3．结合课件讲述故事第三段，引导幼儿仔细观察画面内容，并大胆猜测故事情节，表达自己独特的想法 师：仔细观察它们动了吗？从哪里看出来的？这时狐狸来了会发生什么事情呢？鸭子和鹅该怎么办呢？狐狸煮汤意味着什么？这时鸭子和鹅会想些什么？ 4．揭示故事结尾，感受意料之外的故事结局，鼓励幼儿勇敢的表达自己对故事内涵的理解 师：你认为谁是冠军？你更赞同谁的做法？ （四）开展"小辩论会"游戏，围绕鸭子和鹅谁是最终的冠军，大胆表达自己独特的见解，体验鸭子和鹅坚持到底、珍惜友情的品质 1．引导幼儿根据观点分组，每组说明理由 2．小结：每个人的想法都有道理，每个人的答案都是精彩的，大胆说出自己的想法就是最棒的
活动延伸	请幼儿在活动后继续思考并进行准备，在语言区继续进行辩论 师：鸭子和鹅会不会有其他的办法呢？它们会不会再进行第二次、第三次的比赛呢？我们可以到讲述区去续编自己的故事

任务五　诗歌、散文活动的设计与组织——大班散文诗活动"落叶"

【学习目标】

1．了解幼儿园诗歌、散文活动的特点和主要教育目标。

2．掌握幼儿园诗歌、散文活动的基本结构、组织方法、注意要点。

3．能独立设计诗歌或者散文活动，并进行模拟教学。

案例情景

秋天来了，幼儿园大一班的孩子们对落叶非常感兴趣，有的孩子拿着拣到的落叶说："老师，树叶像小朋友的手，像吃饭的勺……"孩子们具有丰富的想象力，但不能较完整的用语言表达，为此大一班花花老师设计了散文诗活动"落叶"，让幼儿感受语言的丰富与优美，加深对作品的体验和理解，发展幼儿的想象力，促进幼儿语言发展。花花老师请你来帮忙一起设计活动。

提出任务

请你依据诗歌、散文活动的设计要求，帮助花花老师完成大班散文诗活动"落叶"的设计，并进行模拟教学。要求活动设计体现幼儿年龄特点及兴趣需要，能够提升幼儿领会诗歌、散文句式、含义、意境的能力，并具备创编诗歌、散文的能力。

学习新知

一、诗歌、散文活动的特点

幼儿园诗歌、散文包括儿歌和儿童诗，它们都源于"童谣"，在语言形式上表现为分行分节，有明显的韵律感，采用拟人、象征等表现手法抒发作者感情的一种便于学前儿童吟唱的诗歌、散文体的文学作品。幼儿园诗歌、散文活动包括诗歌散文欣赏和创编、绕口令、谜语教学等。幼儿学习的诗歌散文具备以下特点：

1. 符合幼儿年龄特点和已有经验

诗歌的特点是语言凝练、语义难以理解，因此教师选择的诗歌要符合不同年龄班幼儿的已有经验和认知水平，诗歌所描述的内容一定是幼儿看过的、听过的、感觉过的。

2. 具有教育价值

幼儿学习的诗歌或散文要具备一定的教育价值，或赞美大自然，或描绘温馨美好的感情，或体现中国传统文化，或帮助幼儿养成良好的习惯和态度等。

3. 充满想象力和创造力，富有童趣，结构巧妙

诗歌和散文对幼儿的吸引力不仅在于朗朗上口、富有韵律的结构，同时还充满丰富的想象力和创造力，可以引导幼儿从不同的角度观察世界、理解世界。

二、诗歌、散文活动的设计步骤及要求

（一）活动目标

活动目标的制定要考虑幼儿小、中、大班不同年龄阶段的特点和发展目标（见

表2-13），还要考虑幼儿的兴趣需要和作品的特点。

表2-13 诗歌、散文活动发展目标

年龄班	目标
小班	1．喜欢跟读朗朗上口的诗歌、散文 2．能够理解作品的语言和画面
中班	1．喜欢有节奏、有感情地朗读诗歌、散文 2．能够理解作品内容，理清作品的思想感情脉络，初步感知作品表现方式的特点
大班	1．能够简单区分不同类型的诗歌、散文 2．借助动作或者口头语表现诗歌的节奏、韵律 3．尝试运用文学语言，根据诗歌重复句式进行诗歌编创

目标设计要求：表述角度统一，从知识、技能、情感三方面设计目标，目标要求可行、科学，突出重难点。

想一想

结合中班幼儿诗歌、散文活动发展目标，设定本次活动目标，并确定重点和难点。

（二）活动准备

活动准备一般包括经验准备和物质准备两部分内容。

1．经验准备：指幼儿在参与本活动之前已经掌握的相关知识或具备的经验。

2．物质准备：指完成本次活动所需的教具、学材、环境创设等。

（三）活动过程

1．创设情景，引出作品

该环节教师要选择幼儿感兴趣的导入活动。教师可以创设与诗文相关的情景引出作品，可以运用图片、教学多媒体、动画、视频的方式结合生动的语言为幼儿创设相关情景，也可以运用音乐导入、提问导入等方式引导幼儿回忆已有生活经验或已参加过的艺术领域活动来认识作品，同时也可以借助美术手工等为幼儿搭建和诗文意境符合的场景，激发幼儿的兴趣。

2．初步感知作品

该环节教师可以通过声情并茂的朗诵、配乐朗诵或播放录音等方式引导幼儿整体感知诗歌。教师要注意在示范朗诵的过程中发音标准、吐字清晰、节奏合理、情感丰富。

幼儿初步感知完作品后，教师可以提一些描述性的问题，如“诗歌的名字是什么？”“大家听到这个诗歌有什么感觉？”“小朋友们都听到了什么？”等问题引导幼儿回忆诗歌。

3．深入理解作品

在感知作品的基础上，教师要引导幼儿进一步理解作品，通过整体感知，分句、分段理解，了解作品结构、句式、情感等。

教师可以通过制作图片、挂图等方式，将诗文的内容转化为可视化的图片，引导幼儿理解；也可以采用提问法，将诗歌的内涵由简单到复杂设计不同层次的提问，引导幼儿理解诗歌含义。提问法包含三种提问方式，以“落叶”为例：第一，描述性提问，教师可以通过描述性提问，引导幼儿说出诗歌的名称、主要内容等，如“诗歌里都有谁？发生了什么事？”等；第二，思考性提问，教师通过思考性提问引导幼儿感受诗文的主题以及蕴含的情感，如“秋风吹过，小树叶是怎么落下来的？”“都落在了哪儿？”“谁看见了？把它当做什么？”等；第三，运用性提问，教师通过假设性提问引导幼儿对诗文的结构进行分析，并且运用诗文中的新经验进行生活中的经验迁移，如“小树叶还会落在哪里？会遇到谁？把它当做什么？”等。

教师还可以通过不同的朗诵形式引导幼儿在朗诵的过程中理解诗文的含义。从朗诵的内容来说，教师可以将诗文中难以理解的字、词、句反复朗诵，并进行解析；从朗诵的形式来说，教师可以采用集体朗诵、跟读、个人朗诵、分组朗诵、分角色朗诵、分句朗诵等多种形式引导幼儿对诗文内容进行结构和层次的理解；从朗诵的情感上来说，教师可以采用生动起伏、高低不同的声调来体现诗文中要表达的不同感情，引导幼儿对诗文情感有进一步的认知。

4. 围绕诗文主题开展相关活动

在幼儿充分理解诗文的含义并且对诗文的朗诵较为熟练之后，教师应围绕诗文主题开展相应的活动，引导幼儿体验作品的内涵。诗文主题活动常见的形式有以下几种：

（1）诗歌表演游戏。对于一些生动有趣、有情节的叙事诗，可以通过诗歌表演游戏让幼儿体验不同角色的性格特点和心理活动，进而明确不同角色的情感，如“小老虎过生日”。

（2）配乐朗诵。对于一些韵律优美、语言充满艺术感的诗歌，教师可以选择适当的音乐，引导幼儿进行配乐朗诵。同时，也可以在配乐中引导幼儿运用舞蹈的形式表现诗歌的优美意境，在朗诵中感知诗歌的节奏。

（3）绘画。教师引导幼儿根据诗歌主题进行绘画活动，引导幼儿发挥想象力和创造力，加深对诗歌主题的认识和理解。

（4）谱曲演唱。教师与幼儿将诗歌和熟悉的旋律相结合，进行简单的谱曲演唱。

（5）诗歌仿编活动。对于幼儿来说，这是一种运用诗歌结构结合已知经验和语言表达能力进行综合能力提升的活动。诗歌仿编的基本环节包括仿编准备、讨论作品、示范仿编、幼儿仿编、串联总结等。值得注意的是，在诗歌仿编中要充分考虑不同年龄段幼儿的特点以及诗歌本身的结构是否有固定格式的重复等因素。

（四）活动延伸

活动延伸是为了保持教学活动的完整性、连贯性，从而更好地保证幼儿学习的深度和广度。常见的活动延伸包括以下几种形式：

（1）延伸到下一个活动。教学活动可以延伸成半日活动或者一日活动，使教学与活动成为一个有机联系的整体。例如在“幼儿园的秋天”艺术领域的美术活动中，孩子能够根据诗文中的内涵和主题用绘画的形式体现出来。

（2）延伸到区域活动。区域活动是教学活动的自然延伸，例如关于秋天的诗歌活动，可以延伸到表演区域中，表演有关秋天的舞蹈以及和秋天相关的音乐活动。

(3) 延伸到家庭和社会活动。活动延伸到家庭和社会活动中才能实现幼儿园与家庭、社会的密切配合。

想一想

分析“落叶”的特点，结合活动目标完成活动过程思路的设计。

活动设计

根据所学内容，围绕活动目标完成本次诗文活动的设计，包括活动准备、活动过程和活动延伸。在活动设计中，教师要注意引导幼儿感受诗文的意境美、语言美，在愉快的氛围中学习诗文。诗歌、散文活动设计评价表见表2-14。

表2-14　诗歌、散文活动设计评价表

评价项目	评价内容	自评与他评
活动目标	1. 目标围绕幼儿诗歌、散文学习进行设计 2. 目标涉及知识、技能、情感三个方面 3. 表述正确，具有较强的可操作性	☆☆☆☆☆
活动准备	1. 活动准备包括经验准备和物质准备两个部分 2. 环境、材料要适宜，在最大程度上支持和满足幼儿学习、探索	☆☆☆☆☆
活动过程	1. 活动过程设计包括：创设情景，引出作品；初步感知作品；深入理解作品；围绕诗文主题开展相关活动 2. 设计结构严谨，层次清楚，环节衔接流畅 3. 各个环节教学方法恰当，意图明确，重点和难点凸现 4. 各环节的衔接语恰当	☆☆☆☆☆
活动延伸	1. 延伸活动能可以对课堂教学内容进行广度或深度上的拓展 2. 活动延伸符合幼儿的兴趣需要	☆☆☆☆☆

模拟教学

在进行模拟教学前，结合幼儿园教学的实际工作要求，创设适合的情景，准备好场地、教具、学材等。通过录制视频、文字记录等方式，真实记录教学过程。最后，结合诗歌、散文活动组织评价表（见表2-15），针对模拟教学中存在的问题进行修正，提升教学组织能力。

表2-15 诗歌、散文活动组织评价表

评价项目		评价内容	自评与他评
活动准备		1. 材料在最大程度上支持和满足幼儿学习、探索、操作的需要 2. 环境创设符合教学内容	☆☆☆☆☆
情景导入		创设情景，引出作品，语言自然，能够激发幼儿的兴趣	☆☆☆☆☆
主体部分	初步感知作品	1. 有感情地朗诵诗歌，可以用动作、表情、语调来帮助幼儿理解人物形象和特点 2. 巧妙地利用辅助教具，能够帮助幼儿感知诗歌、散文内容和情感 3. 能够围绕诗歌、散文，提一些描述性问题，引导幼儿回顾主要内容	☆☆☆☆☆
	深入理解作品	1. 选择恰当的方法，帮助幼儿理解诗歌、散文内容。如通过图片、道具等方式，引导幼儿理解每个句子 2. 针对诗歌、散文理解的重点和难点，选择恰当的方法引导幼儿学习，如表演、学说句子等方式	☆☆☆☆☆
	拓展活动	1. 围绕诗歌、散文开展的相关活动符合幼儿的年龄特点和兴趣 2. 能够对幼儿的表现进行鼓励性评价，发现幼儿的闪光点	☆☆☆☆☆
	语言教态	1. 教态自然、大方，有亲和力 2. 声音抑扬顿挫，有感染力 3. 环节衔接流畅	☆☆☆☆☆
结束部分		方法有趣，引导幼儿回顾本节课的重点，同时也要激发幼儿继续学习的兴趣	☆☆☆☆☆

拓展任务

拓展任务一：中班诗歌活动“夏天的歌”

诗歌“夏天的歌”以寻找美妙动听的声音为主线，以日常生活中常见的小动物为主角，用动听的叫声呈现独特的夏日景象。诗歌意境优美，洋溢着欢快的气氛；内容生动有趣，深受幼儿喜爱；结构清晰、简单，句式反复，易于幼儿理解与掌握。诗歌有很大的想象空间，适合幼儿仿编创造，有利于培养幼儿热爱大自然的美好情感，激发幼儿探索大自然的欲望。诗歌中有“蝈蝈蝈”“咕呱咕呱”“哗啦哗啦”等幼儿喜欢的象声词，不仅给幼儿带来了学习的乐趣，也让幼儿感受到了诗歌的音律美。

拓展任务二：大班诗歌活动“我想”

大班幼儿对动物十分感兴趣，大部分幼儿对一些动物的特征都有了一定的认识，本次活动可以使幼儿进一步了解动物的特征。学习理解诗歌内容，感受诗歌中的稚拙美，激发幼儿大胆想象，并鼓励幼儿尝试仿编诗歌。通过本次活动，让幼儿进一步观察动物的明显特征；理解诗歌内容，感受诗歌中的稚拙美；学习创编诗句，感受人与动物和谐相处的美好情感。

案例分享

【案例2-7】 诗歌、散文活动设计

活动名称	月亮下来吧　大班　诗歌活动
活动目标	1. 乐于欣赏诗歌，理解诗歌的内容，体验诗歌的情感 2. 结合图片学会朗诵儿歌，感受儿歌的意境美 3. 利用图谱大胆进行仿编，并尝试完整地进行讲述
活动准备	PPT、视频、图片等
活动过程	（一）播放关于月亮的视频，并进行谈话导入 师：小朋友，月亮是什么样子的？圆圆的月亮像什么？弯弯的月亮像什么？我们一起来听一听诗歌里的月亮像什么吧 （二）初步感知作品 1. 教师朗诵诗歌，请幼儿欣赏 师：诗歌的名字是什么啊？小朋友听了以后什么感受啊？ 2. 教师播放诗歌视频，再次请幼儿欣赏 师：诗歌里都告诉了我们什么？ （三）结合图片，理解并朗诵诗歌 1. 出示图片，欣赏儿歌 师：儿歌里月亮变成了什么？小弟弟和小妹妹要和它玩什么？ 2. 结合图谱，学习儿歌 师：老师把这首歌变成了小图谱，我们看着图谱，一起朗诵这首歌好不好？ （四）利用图谱进行仿编 1. 幼儿自由讨论，尝试创编 师：你们想不想请月亮下来呢？你觉得月亮是什么呢？我们把它画下来，贴在图谱上，然后一起来创编好听的儿歌吧 2. 引导幼儿尝试用完整的语言进行讲述 师：我们一起来朗诵新编的诗歌吧 （五）结束活动 教师请幼儿边朗诵诗歌边做动作，结束活动 师：小朋友们，我们一起给诗歌配上好看的动作，边朗诵边表演吧
活动延伸	教师投放诗歌图片，请幼儿在语言区继续学习

学习单元三

社会领域活动设计与实践

单元导读

《指南》提到：幼儿社会领域的学习与发展过程是其社会性不断完善并奠定健全人格基础的过程。人际交往和社会适应是幼儿社会学习的主要内容，也是其社会性发展的基本途径。幼儿在与成人和同伴交往的过程中，不仅学习如何与人友好相处，也在学习如何看待自己、对待他人，不断发展适应社会生活的能力。良好的社会性发展对幼儿身心健康和其他各方面的发展都具有重要影响。幼儿的社会性主要是在日常生活和游戏中通过观察和模仿潜移默化地发展起来的。成人应注重自己言行的榜样作用，避免简单生硬的说教。

单元目标

1. 理解幼儿园社会领域的教育目标。
2. 掌握幼儿园社会领域的主要教育内容。
3. 掌握幼儿园社会领域教育活动的设计要求。
4. 能够较完整地模拟组织幼儿园社会领域教育活动。

单元内容

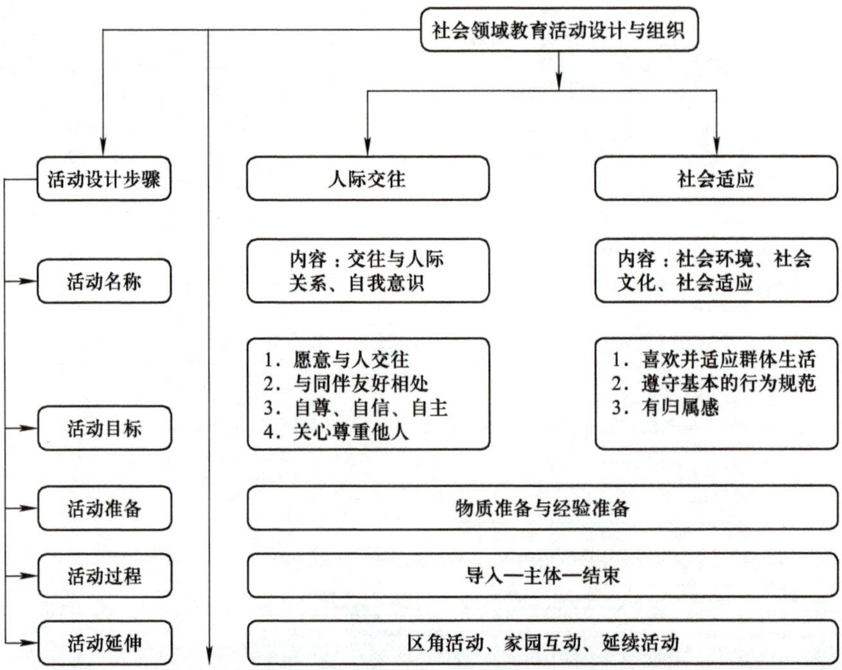

任务一 人际交往活动的设计与组织——大班社会活动“好朋友握握手”

【学习目标】

1．了解幼儿园社会领域人际交往的教育目标。

2．掌握幼儿园社会领域人际交往教育的内容与方法。

3．掌握幼儿园社会领域人际交往活动的设计要求。

4．能模拟组织幼儿园社会领域人际交往活动，并能够根据评价修正，完善设计。

案例情景

大班幼儿已有一定的交往能力，也有与人交往的欲望。然而，在幼儿园的日常学习生活中，会出现孩子们为一些小事争吵、争抢玩具甚至相互间打斗等现象，引发了大一班花花老师的深思，于是“好朋友握握手”这个活动应运而生，引导幼儿初步学习用正确的方法处理朋友间的矛盾。

提出任务

依据以上情景，结合人际交往活动的目标、设计与组织的方式方法，帮助花花老师完成一份大班人际交往活动“好朋友握握手”。查找相关资料完成活动设计，并进行模拟教学。

学习新知

一、人际交往活动的意义

幼儿的人际交往能力是指幼儿在与他人的交往过程中感受、适应、协调和处理与他人关系能力的总和。

人际交往可以促进人与人之间彼此交流感情和信息，幼儿时期是社会性交往意识开始形成的萌芽时期，是一个人社会性成长与发展的关键时期。有研究表明，幼儿时期人际交往能力越强，适应社会的速度越快，会有更多的亲社会行为。对幼儿时期的社会性交往进行正确引导，建立良好和谐的社会人际关系，培养其社会交往能力，为将来的事业发展和人生幸福打下坚实的基础。

二、人际交往能力的发展

幼儿的人际交往能力从出生起就开始发展。在出生两个月后婴儿就能够意识到同伴的存在，并会有朝向和相互注视等行为。1～2岁的幼儿能够完成试图加入游戏、表达想法、邀请等人际交往行为，同伴之间甚至会相互给予和接受玩具。儿童的人际交往互动变得更复杂，同伴交往增多。3～5岁的幼儿开始关注人际交往技能，4岁左右开始建立一些同伴间的友谊，但这时的友谊是短暂的玩伴关系。4～5岁的幼儿已经具备初步的观点采择能力，也开始能够想出一些解决人际问题的办法。随着年龄的增长，幼儿的自控能力也不断上升，5～6岁的幼儿能够具备一定的自我调节能力。这是幼儿人际交往的正常发展过程，但也存在个体差异，幼儿园集体中也会存在不受欢迎、被同伴拒绝等缺少基本社会交往技能的幼儿。

三、人际交往活动的内容

幼儿的人际交往教育主要包括幼儿与同伴交往、幼儿与成人的交往、集体生活中的交往等。幼儿需要学习的人际交往技能主要有以下几点：

（1）有效地沟通交流：倾听，尊重和接纳他人的观点，通过语言沟通解决人际冲突。

（2）建立友谊，主动并正确的发起交往。

（3）遵守基本的社交规则：礼貌、轮流、等候、请求等。

（4）更多的亲社会行为：分享、关怀、安慰、合作、帮助、共情等。

（5）自我意识方面：自尊、自信、自主等，良好的自我意识是幼儿人际交往的基础。

四、人际交往活动的设计步骤及要求

（一）活动名称

活动名称要比较概括地反映教育活动内容、发展目标，结构上包括具体名称、适合年龄段和活动类型，表达上做到幼儿化、简洁化。

（二）活动目标

幼儿园社会领域教育活动目标的制定要依据社会领域教育的总目标、年龄阶段目标、单元目标的设计而定。《指南》为我们提出了不同年龄阶段幼儿人际交往活动的发展目标，见表3-1。

表3-1　人际交往活动发展目标

内　容	3～4岁	4～5岁	5～6岁
喜欢交往	1．愿意和小朋友一起游戏 2．愿意与熟悉的长辈一起活动	1．喜欢和小朋友一起游戏，有经常一起玩的小伙伴 2．喜欢和长辈交谈，有事愿意告诉长辈	1．有自己的好朋友，也喜欢结交新朋友 2．有问题愿意向别人请教 3．有高兴的或有趣的事愿意与大家分享

（续）

内　容	3~4岁	4~5岁	5~6岁
能与同伴友好交往	1．想加入同伴的游戏时，能友好地提出请求 2．在成人指导下，不争抢、不独霸玩具 3．与同伴发生冲突时，能听从成人的劝解	1．会运用介绍自己、交换玩具等简单技巧加入同伴游戏 2．对大家都喜欢的东西能轮流、分享 3．与同伴发生冲突时，能在他人帮助下和平解决 4．活动时愿意接受同伴的意见和建议 5．不欺负弱小	1．能想办法吸引同伴和自己一起游戏 2．活动时能与同伴分工合作，遇到困难能一起克服 3．与同伴发生冲突时能自己协商解决 4．知道别人的想法有时和自己不一样，能倾听和接受别人的意见，不能接受时会说明理由 5．不欺负别人，也不允许别人欺负自己
具有自尊、自信、自主的表现	1．能根据自己的兴趣选择游戏或其他活动 2．为自己的好的行为或活动成果感到高兴 3．自己能做的事情，愿意自己做 4．喜欢承担一些小任务	1．能按自己的想法进行游戏或其他活动 2．知道自己的优点和长处，对自己感到满意 3．自己的事情尽量自己做，不喜欢依赖别人 4．敢于尝试有一定难度的活动和任务	1．能主动发起活动或在活动中出主意、想办法 2．做了好事或取得了成功后还想做得更好 3．自己的事情自己做，不会的愿意学 4．主动承担任务，遇到困难能够坚持而不轻易求助 5．与别人的看法不同时，敢于坚持自己的观点并说出理由
关心尊重他人	1．长辈讲话时认真倾听，并能听从长辈的要求 2．身边的人生病或不开心时表示同情 3．在提醒下能做到不打扰别人	1．会用礼貌的方式向长辈表达自己的要求和想法 2．能注意到别人的情绪，并有关心、体贴的表现 3．知道父母的职业，能体会到父母为养育自己所付出的辛劳	1．能有礼貌地与人交往 2．能关注别人的情绪和需要，并能给予力所能及的帮助 3．尊重为大家提供服务的人，珍惜他们的劳动成果 4．接纳、尊重与自己的生活方式或习惯不同的人

想一想

请参考不同年龄阶段幼儿人际交往的技能和发展目标，完成活动目标的设计，并确定重点和难点。

（三）活动准备

1．经验准备：指开展此次人际交往活动之前，本班幼儿需要具备的人际交往方面的经验。

2．物质准备：活动开展需要的材料、环境等，如人际交往方面的视频、动画、图片、多媒体资源、课件、场景布置等。

（四）活动过程

1．导入环节

活动导入的作用在于以较短的时间激发幼儿参与活动的兴趣，并引出活动主题。在设计导入环节时，既要考虑幼儿的特点，又要考虑活动的完整性，教师可以灵活把握，尽可能发挥创造性，激发幼儿学习动机。活动导入的方法有以下几种：

（1）物质材料导入。可以利用用实物如图片、模型、可操作的材料等导入新课，同时辅以简单的问题、提示或者指令，幼儿便能自然地进入活动状态。（见名师分享3-1）

【名师分享3-1】

物质材料导入：出示幼儿交往的照片，激发思考

师：这两个小朋友怎么了？你们从哪里看出来的？猜猜，他们为什么不开心？

小结：好朋友之间也免不了会有矛盾、会吵架，但是我们不能伤好朋友的心，要从对方的角度思考问题，大家都要让一让，这样每个人才会开心。

（2）表演导入。表演导入可以是幼儿表演，也可以是教师表演。通过表演可以把人际交往中的一些情景、一些问题直观地呈现出来，不仅可以引导幼儿感知人际交往中的问题，还能激发幼儿探讨问题的积极性。

（3）文学作品导入。利用谜语、儿歌、故事等文学作品导入活动。（见名师分享3-2）

【名师分享3-2】

文学作品导入：说儿歌《拉拉手》导入活动，激发幼儿兴趣

师：小鸟天上飞，小鱼水里游；小朋友在地上走，大家手拉手。

师：儿歌里说的是什么呢？每个小朋友都有一双小手，那你们的小手会做什么事情呢？”

（4）游戏导入。教师引导学生围绕话题进行游戏，通过游戏引出本节课的主要内容。（见名师分享3-3）

【名师分享3-3】

游戏导入：好朋友碰一碰

师：听儿歌，玩游戏，听到碰一碰的时候，就要和好朋友轻轻地碰一碰。

小结：和朋友一起玩耍总是比一个人快乐，我们要珍惜朋友之间的友谊。

2．主体部分

活动主体部分是完成幼儿人际交往活动目标的主要部分，是活动的重点和难点所在。

首先，结合活动目标和幼儿特点，将活动过程分为几个相互联系、层层递进的环节（见名师分享3-4）。各个环节意图明确，与前后环节相呼应，有趣且符合幼儿年龄特点的同时突出重点和难点。

【名师分享3-4】

活动过程：

1．玩游戏“找朋友”，激发找朋友的兴趣。

2．讲故事，引导幼儿理解“好朋友”的概念。

3．播放幼儿日常交流视频，讨论如何增进友谊。

4．进行“找朋友”的游戏，结束活动。

其次，详细设计每一个环节，设计中需要体现“教学方法”“学习方法途径”“教学意图”以及“关键引导语”等。比如游戏导入环节，就要设计出教师的引导语、教师组织游戏的方法以及衔接下个环节的衔接语等。

3. 结束部分

活动结束部分的设计，教师可以采用自然结束的方式，也可以采用小结评价、游戏、提出新的任务激发幼儿继续学习等方式结束活动。

想一想

根据以上内容，结合大班幼儿的特点，小组合作完成活动过程的思路设计，确定每个环节的主要内容，明确各个环节的教育意图。

（五）活动延伸

活动延伸是指在教育活动结束后，教师继续设计一些与此相关的辅助活动，使教育内容渗透到幼儿的生活中，使社会教育目标更好地实现。幼儿社会教育活动延伸的方式多种多样，如游戏的方式、区角活动的方式、表演的方式、领域渗透的方式、家园社区共育的方式、成果展览的方式等。

活动设计

“好朋友握握手”活动可以采用多种方式开展，如谈话、游戏、团体活动等，使小朋友在学习和实践中感受到有朋友的快乐，萌发社会交往的自信心，逐步形成人际交往意识，培养幼儿的语言、交往、合作及协调能力，初步学习用正确的方法处理人与人之间的矛盾。在完成设计后，结合人际交往活动设计评价表（见表3-2）进行自评和互评，完善活动设计。

表3-2　人际交往活动设计评价表

评价项目	评价内容	自评与他评
活动目标	1. 目标围绕幼儿人际交往能力的培训进行设计 2. 目标涉及知识、技能、情感三个方面 3. 表述正确，具有较强的可操作性	☆☆☆☆☆
活动准备	1. 活动准备包括经验准备和物质准备两个部分 2. 环境、材料适宜，在最大程度上支持和满足幼儿的学习、探索	☆☆☆☆☆
活动过程	1. 活动过程要围绕“好朋友握握手”的主题设计，突出重难点 2. 设计结构严谨，层次清楚，环节衔接流畅 3. 过程设计详细，体现教师教学的方法和意图以及各个环节的关键引导语	☆☆☆☆☆
活动延伸	1. 延伸活动可以对课堂教学内容进行广度或深度上的拓展 2. 活动延伸符合幼儿的兴趣需要	☆☆☆☆☆

模拟教学

首先，完成活动设计并明确活动组织的评价方式；其次，在进行模拟教学前，结合幼儿园教学的实际工作要求，创设适合的情景，准备好场地、教具、学材等；再次，通过录制视频、文字记录等方式，真实地记录教学过程；最后，结合人际交往活动组织评价表（见表3-3），针对模拟教学中存在问题进行修正，提升教学组织能力。

表3-3　人际交往活动组织评价表

评价项目	评价内容	自评与他评
活动准备	1. 材料在最大程度上支持和满足幼儿学习、探索、操作的需要 2. 环境创设符合教学内容	☆☆☆☆☆
情景导入	1. 激发幼儿对人际交往活动的兴趣 2. 自然引出本次活动的主题	☆☆☆☆☆
主体部分	1. 教态富有亲和力 2. 语言简练规范、生动易懂、富有感染力 3. 活动组织有序、层次清晰，节奏张弛有度，时间安排合理 4. 能够针对重点和难点进行重点教学 5. 注重和幼儿的互动，能够关注多数幼儿	☆☆☆☆☆
结束部分	自然流畅地帮助幼儿总结本节课的内容，调动幼儿继续学习的兴趣	☆☆☆☆☆

拓展任务

拓展任务一：小班社会活动“我会排队”

户外活动结束后，小朋友们在排队喝水，这时传来了一阵吵闹声，保温桶旁的几位小朋友喊着：“要排队！要排队！”原来是小明张开双手，挡在了杯子柜前不肯走，小朋友们被挡住了，挤在一起，乱成一团。据此开展小班社会活动“我会排队”，让幼儿知道排队的重要性，在排队时做到不插队、不拥挤、有间距，养成自觉排队的好习惯。

拓展任务二：大班社会活动“找帮助”

幼儿时刻都在受人照顾，却很少意识到要去帮助他人，所以需要培养幼儿关心人、爱护人的思想意识。“找帮助”这个故事告诉我们，帮助不是一样东西，它是一种情意、一种精神。本活动旨在通过这一故事，让幼儿理解“帮助”的含义，从而乐意帮助他人。

案例分享

【案例3-1】　人际交往活动设计

活动名称	我的好朋友　小班　社会活动
活动目标	1. 学习使用“请你和我一起玩”的话语和幼儿交往的简单技能 2. 感受同伴间亲密友好的关系，体验与同伴一起活动的乐趣

（续）

活动准备	1．经验准备：幼儿已学会歌曲《找朋友》 2．物质准备：音乐《找朋友》、播放器、电话、呼啦圈、手偶若干
活动过程	（一）播放歌曲《找朋友》，鼓励幼儿跟随音乐，找到自己的好朋友 1．玩找朋友游戏 师：小朋友们，我们一起来玩找朋友的游戏！你找到好朋友了吗？你的好朋友是谁？刚才你跟好朋友是怎么玩的？你们两个玩的时候心情怎么样？ 2．鼓励幼儿想出不同的动作来向好朋友表达友好，请幼儿之间相互学一学友好的动作 师：我们怎么和好朋友表示友好呢？都可以做哪些动作？一起来学一学 （二）手偶表演故事《好朋友》，帮助幼儿理解“好朋友”的概念 1．教师讲故事，引导幼儿了解什么是好朋友 师：好朋友除了一起玩，还应该怎么做呢？今天我们班来了一对好朋友，看看它们是怎么做好朋友的，请小朋友一起听听他们的故事 师：故事里的小羊和小猴是怎么做好朋友的？小羊想找小猴玩搭火车游戏，它是怎么说的？（学说礼貌语：请你和我一起玩，好吗？） 2．讨论好朋友之间如何交往 师：你和好朋友在一起玩的时候是怎么做的？如果你的好朋友也遇到了困难，你会怎么做？ 小结：好朋友除了一起玩，还应该有礼貌，你帮我，我帮你，相亲相爱，只有这样我们才会有更多的好朋友 （三）一起游戏，体验与同伴一起活动的乐趣 师：你们想不想像小羊和小猴一样有礼貌的和好朋友一起玩游戏呢？今天老师给你们准备了很多好玩的玩具 1．介绍游戏材料及玩法 师：在游戏过程中，要使用礼貌用语“请你和我一起玩，好吗？”来邀请朋友一起玩游戏 2．分享与好朋友一起游戏的快乐 师：刚才你和你的好朋友一起玩得开心吗？你还有什么话想对你的好朋友说？ （四）认识新朋友，结束活动 师：现在跟老师一起到其他班认识更多的朋友，和他们成为好朋友，好吗？
活动延伸	在区角活动中，教师有意识地引导幼儿获得交往技能，提升交往能力
附	故事：好朋友 小羊和小猴是一对好朋友。它们见面的时候，总会有礼貌地问一声：你好！有一天，小羊很想玩搭火车游戏，可是没人陪它玩，它来到小猴面前很有礼貌地说：“小猴，请你和我一起玩，好吗？”小猴开心地拉着小羊的手说：“好，我喜欢和你一起玩！”它们玩得非常开心。它们每天一起上幼儿园、一起游戏，有好东西一起吃；小羊搬不动小桌子，小猴就会一起来抬；小猴不会系鞋带，小羊会帮它系鞋带。幼儿园的其他小动物看到了，都说小羊和小猴真是一对好朋友

任务二　社会适应活动的设计与组织——大班社会活动“我是中国人”

【学习目标】

1．了解幼儿园社会领域社会适应活动的教育目标。

2．掌握幼儿园社会领域社会适应活动的内容与方法。

3．掌握幼儿园社会领域社会适应活动的设计要求。

4．能模拟组织幼儿园社会领域社会适应活动，并能够根据评价修正，完善设计。

案例情景

国庆节快到了，大班的小朋友对这个节日并不陌生，而且即将到来的十一长假也是小朋友非常期待的和爸爸妈妈出游的日子。国庆节并不仅仅是“出游”的节日，它是纪念国家地位、体现人民的凝聚力、发挥号召力的节日。在这个节日到来之际，花花老师想围绕“我是中国人”开展一次社会教育活动，引导幼儿了解国家的过去和现在，感恩今天的美好生活，激发幼儿的爱国之情。

提出任务

结合大班幼儿的年龄特点，配合幼儿园花花老师，通过小组合作完成“我是中国人”的活动设计，并进行模拟教学、评价和反思。

学习新知

一、社会适应活动的意义

社会适应能力是个体对现存社会中生活方式、道德要求、行为准则接受的过程。幼儿的社会适应能力主要包括对新环境的适应能力以及对矛盾冲突情境的解决处理能力。其发展规律如下：首先，初步形成适应新环境的能力、对陌生人的适应能力以及对同伴交往的适应能力；其次，具有独立克服困难、处理社会生活中简单矛盾的能力；最后，学会做事，学会生活。

二、社会适应活动的设计步骤及要求

（一）活动名称

活动名称要概括地反映教育活动内容、发展目标，结构上包括具体名称、适合年龄段和活动类型，表达上要做到幼儿化、简洁化。

（二）活动目标

幼儿园社会领域社会适应活动目标的设计既考虑不同年龄阶段幼儿的特点和发展目标（见表3-4），也要考虑幼儿的兴趣需要。

表3-4　社会适应活动发展目标

内　容	3～4岁	4～5岁	5～6岁
喜欢并适应群体生活	1．对群体活动有兴趣 2．对幼儿园的生活好奇，喜欢上幼儿园	1．愿意并主动参加群体活动 2．愿意与家长一起参加社区的一些群体活动	1．群体活动中积极、快乐 2．对小学生活有好奇和向往

（续）

内　容	3～4岁	4～5岁	5～6岁
遵守基本的行为规范	1. 在提醒下，能遵守游戏和公共场所的规则 2. 知道不经允许不能拿别人的东西，借别人的东西要归还 3. 爱护玩具和其他物品	1. 感受规则的意义，并能基本遵守规则 2. 不私自拿不属于自己的东西 3. 知道说谎是不对的 4. 知道接受了的任务一定要完成 5. 在提醒下能节约粮食、水电等	1. 理解规则的意义，能与同伴协商制定游戏和活动规则 2. 爱护公物，用别人的东西时也知道爱护 3. 做了错事敢于承认，不说谎 4. 能认真负责地完成自己所接受的任务 5. 爱护身边的环境，注意节约资源
具有初步的归属感	1. 知道和自己一起生活的家庭成员及与自己的关系，体会到自己是家庭的一员 2. 能感受到家庭生活的温暖，爱父母，亲近与信赖长辈 3. 能说出自己家所在街道、小区（乡镇、村）的名称 4. 认识国旗，知道国歌	1. 喜欢自己所在的幼儿园和班级，积极参加集体活动 2. 能说出自己家所在地的省、市、县（区）名称，知道当地的有代表性的物产或景观 3. 知道自己是中国人 4. 奏国歌、升国旗时能自动站好	1. 愿意为集体做事，为集体的成绩感到高兴 2. 能感受到家乡的发展变化并为此感到高兴 3. 知道自己的民族，知道中国是一个多民族的大家庭，各民族之间要互相尊重，团结友爱 4. 知道一些国家的重大成就，爱祖国，为自己是中国人感到自豪

想一想

尝试为大班社会活动“我是文明小乘客”设计活动目标，要求目标表述正确，基本符合大班幼儿年龄特点。

（三）活动准备

在经验准备方面，教师需要关注此次社会教育活动之前本班幼儿需要具有的经验基础。

在物质准备方面，教师需要准备活动所需的媒体资源、课件、图片、玩教具、音乐、视频以及需要的场景布置等。如在大班活动“我是文明小乘客”中，教师可进行如下准备：

【名师分享3-5】

大班活动“我是文明小乘客”

经验准备：幼儿在活动前已经了解了一些乘坐汽车等交通工具的规则和要求。

物质准备：故事挂图、笑脸与哭脸的标记、“我是文明小乘客”的歌曲音频。

（四）活动过程

活动目标确定之后，需要设计活动过程来实现目标。活动过程一般包括导入环节、主体部分和结束部分。

1. 导入环节

导入环节的作用在于以较短的时间，激发幼儿参与活动的兴趣，并引出活动主题。常用的方法和其他领域活动相似，如物质材料导入、表演导入、情景导入、文学作品导入、谈话导入等。如在大班活动“我是文明小乘客”中，教师可进行如下设计：

【名师分享3-6】

导入环节：谈话导入，激发兴趣

师：小朋友们，你们今天都是怎么来幼儿园的？你们觉得有什么好的和不好的地方吗？平时我们乘车的时候都是怎么做的？

小结：今天我们就来了解一下如何乘坐交通工具。

2. 主体部分

主体部分是活动过程中最主要的环节，所占时间比重也最大。在设计社会领域的活动时，并没有固定的教学环节，需要教师根据目标、幼儿的特点、教学内容的特点以及教学的重难点来设计教学环节，层层深入，引导幼儿达成教育目标。在进行主体部分活动时需要注意以下两点：

（1）分析活动目标。活动过程各个环节的设计是为了最终实现活动目标，提升幼儿的环境适应能力。同时需要思考选择哪种方法、如何突破重难点等问题。

（2）确定活动过程中的各个环节。分析完目标，教师需要结合幼儿的年龄特点，确定大致的教学环节、各个环节的教学意图以及所用的教学方法。如在大班活动“我是文明小乘客”中，教师可进行如下设计：

【名师分享3-7】

活动过程：

1．围绕乘车规则进行谈话，激发幼儿兴趣。

2．看图讲故事，了解乘车规则。

3．师幼交流，拓展认知。

4．集体游戏：我是文明小乘客

5．结束活动：律动

在名师分享3-7中可以看出：在导入环节，教师通过谈话活动不仅激发了幼儿的兴趣，还了解了幼儿对乘车规则的认识和理解。接下来，教师设计的第二个环节就是为了让幼儿了解乘车规则，选择的方法也是幼儿非常喜欢的讲故事。教师设计的第三个环节是通过师幼交流，拓展故事以外的乘车规则。第四个环节是通过集体游戏来巩固幼儿的认知。最后通过律动结束活动。

从该分享中可以看到，在设计活动各环节时，要紧紧围绕幼儿要达成的目标进行，层层递进、环环相扣，选择幼儿喜欢的方法来完成环节的设计。

（3）丰富各个环节的内容。活动各环节设计完成后，需确定各个环节的教学内容和教学方法，以及教师的指导语（特别是对幼儿的要求、小结语、衔接语等）和操作过程说明；同时，根据各个环节在整个活动所占比重和活动的逻辑顺序，分配好各环节的大体时间。例如“我是文明小乘客”活动中的集体游戏环节，可进行如下设计：

【名师分享3-8】

集体游戏环节：我是文明小乘客

1. 教师介绍游戏规则

师："嘟嘟嘟开汽车，我的汽车真神奇，不用你把车票买，只要说出一条规则，就可以上到车上来。"我们先来说两遍儿歌。

2. 教师进行示范

师：老师先来当司机，小朋友们来做乘客，大家不要拥挤，小朋友举手来说口令，一个一个上车。

3. 幼儿集体游戏

师：小朋友们，你们来做司机，一起玩游戏吧。

3. 结束部分

常见的结束方式有很多，如作品展示、语言总结、教师布置任务等。如果要在结束部分对活动进行小结，应当简洁、精练，对幼儿在活动中的表现用宽容积极的态度进行评价，对问题本身应留有一些思考的余地，使活动便于延伸，使幼儿能够保持对活动的兴趣，期待下次活动的到来。

（五）活动延伸

社会领域活动延伸的形式包括家园共育、领域渗透、环境创设、区角活动、游戏等。

活动设计

围绕教学目标，完成活动准备、活动过程和活动延伸的设计。在完成设计以后，结合社会适应活动设计评价表（表3-5）进行自评和互评，并提出修改意见，完善设计。

表3-5　社会适应活动设计评价表

评 价 项 目	评 价 内 容	自评与他评
活动目标	1. 围绕大班幼儿特点、热爱祖国的情感来设计目标 2. 目标涉及知识、技能、情感三个方面 3. 表述正确，目标有较强的可操作性	☆☆☆☆☆
活动准备	1. 活动准备包括经验准备和物质准备两个部分 2. 环境、材料要适宜，在最大程度上支持和满足幼儿的学习、探索	☆☆☆☆☆
活动过程	1. 活动过程要围绕"我是文明小乘客"设计，突出重难点 2. 设计结构严谨，层次清楚，环节衔接流畅 3. 过程设计详细，体现教师教的方法和意图，以及每个环节关键引导语恰当	☆☆☆☆☆
活动延伸	1. 延伸活动对课堂教学内容进行广度或深度上的拓展 2. 活动延伸符合幼儿的兴趣需要	☆☆☆☆☆

模拟教学

在进行模拟教学前，结合幼儿园教学的实际工作要求，创设适合的情景，准备好场地、教具、学材等。通过录制视频、文字记录等方式，真实记录教学过程。结合社会适应活动组织评价表（见表3-6），针对模拟教学中存在问题进行修正，提升教学组织能力。

表3-6 社会适应活动组织评价表

评价项目	评价内容	自评与他评
活动准备	1. 材料在最大程度上支持和满足幼儿学习、探索、操作的需要 2. 环境创设符合教学内容	☆☆☆☆☆
情景导入	1. 激发幼儿活动的兴趣 2. 明确提出活动内容	☆☆☆☆☆
主体部分	1. 教态亲切、自然 2. 语言简练、规范、生动、富有感染力，易于理解 3. 活动组织有序，层次清晰，重点突出，节奏张弛有度，时间安排合理 4. 能够实现预设目标，重点难点突出 5. 教学方法的选择和教学辅助材料的使用科学有效	☆☆☆☆☆
结束部分	1. 教师针对本节课的内容进行总结，激发幼儿继续学习的兴趣 2. 教师能够组织幼儿有序结束活动	☆☆☆☆☆

拓展任务

拓展任务一：大班社会活动“保护空气”

在幼儿的生活中时常会遇到这种情况：父母在家中吸烟，污染了室内的空气；马路上的汽车冒着黑烟开过，留下了一股难闻的气味……大班幼儿已经对空气的特性、作用有了初步的认识和了解，请设计一次环保活动，引导幼儿了解空气受污染的原因及空气污染给人类带来的危害。让幼儿知道空气对人类和动、植物的重要性，培养幼儿关心和保护环境的意识，争做环保小卫士。

拓展任务二：小班社会活动“我爱花草”

春天来了，小草开始钻出泥土，柳树开始发芽，小花也悄悄地冒了出来……这些都吸引着孩子们。小班王老师发现，这几天有小朋友摘花园里的小花玩耍，请你帮助小王老师设计一次社会活动，启发幼儿热爱大自然的情感，逐步养成爱护花草的行为习惯。

案例分享

【案例3-2】 社会活动设计

活动名称	小草不哭了　小班　社会活动
活动目标	1．能仔细地观察小草的特征，初步了解小草与生活的关系 2．懂得爱护草地，初步树立环保意识
活动准备	足球运动员踢足球的图片
活动过程	（一）感受园内秋天的景色，引发幼儿对小草的关注 师：秋天到了，小朋友们来看一看幼儿园里的花草都怎么样了？（花儿都凋谢了）草地上的小草也变得怎么样了？（小草变得黄黄的）你们喜欢小草吗？ （二）体验感受 师：现在我们就用自己的小手、小脚或鼻子来亲亲小草好吗？（观察幼儿是怎样与小草做游戏的，引导幼儿用手压、打滚、脱鞋赤脚在草上走的方式与小草玩耍） （三）交流分享 1．让幼儿坐下来休息，说说小草的特征与感受 师：谁来说说刚才你和小草是怎么玩的？你的脚（手）碰到小草有什么感觉？ 2．请幼儿共同感受小草的特征 师：小草看起来软绵绵的，小草的尖尖头碰到手时还感到有点刺刺的、痒痒的 3．感受小草富有弹性的特征 师：把小草轻轻地压下去，小草会怎么样？（弹起来）小草真厉害，被压下去了还会弹起来。我们也来试一试，看看小草会不会弹起来 4．引导幼儿思考在草地上运动时的情景 教师：你和小草是怎么做游戏的？在小草上打滚感觉怎么样？小朋友，你们知道踢足球的叔叔阿姨们都在哪里举行足球比赛的吗？（出示图片）为什么一定要在草地上踢足球？（因为草地是软软的）草地就像绿色的大床、绿色的地毯，我们在上面玩又舒服又不容易受伤 5．感受小草的清香 教师：谁闻到小草的味道了？我们一起闻一闻，感觉怎么样？老师告诉你们，小草发出的清香还有益于身体健康的，所以幼儿园里有许多草地，还有许多地方也有草地，大家想想，你们在哪里见到过草地呢？（小区、公园等） （四）爱护草地，初步树立环保意识 教师：我们在草地上玩又快乐又安全还有益于身体健康，你们说草地是不是我们最好的朋友？秋天到了，小草要睡觉休息了，那么我们应该怎样爱护它？（引导幼儿说出不拔小草、不践踏草坪等）
活动延伸	引导幼儿前往美工区用画笔描绘小草

学习单元四

科学领域活动设计与实践

单元导读

《指南》提到：幼儿的科学学习是在探究具体事物和解决实际问题中，尝试发现事物间的异同和联系的过程。幼儿在对自然事物的探究和运用数学解决实际生活问题的过程中，不仅可以获得丰富的感性经验，充分发展形象思维，而且初步尝试归类、排序、判断、推理，逐步发展逻辑思维能力，为其他领域的深入学习奠定基础。

幼儿科学学习的核心是激发探究兴趣，体验探究过程，发展初步的探究能力。成人要善于发现和保护幼儿的好奇心，充分利用自然和实际生活机会，引导幼儿通过观察、比较、操作、实验等方法，学习发现问题、分析问题和解决问题。

单元目标

1．掌握幼儿园科学领域教育活动的目标。
2．掌握幼儿园科学领域教育活动的主要内容和方法。
3．掌握幼儿园科学领域教育活动的设计要求。
4．能够较完整地模拟组织幼儿园科学领域教育活动。

单元内容

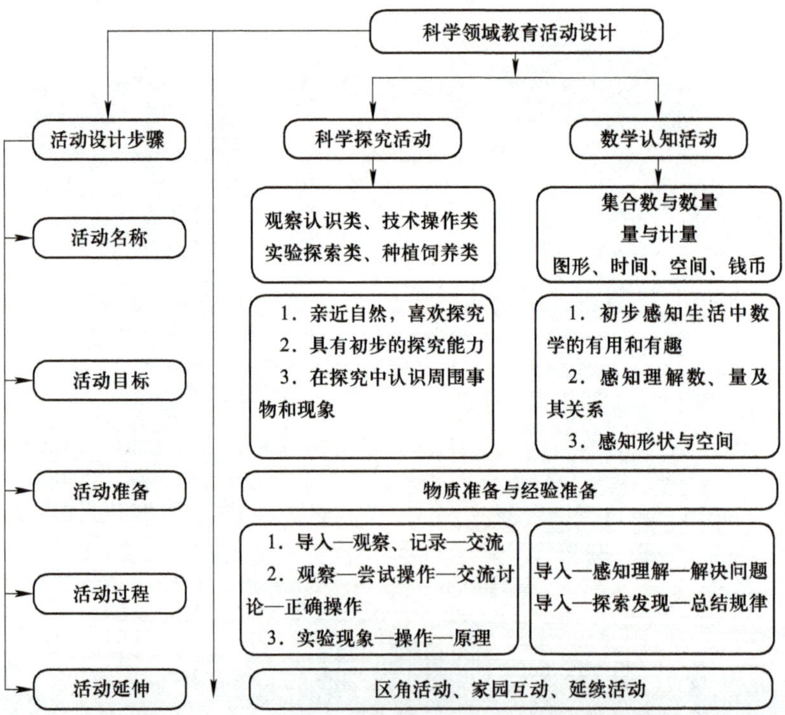

任务一 科学观察认识型活动的设计与组织——中班科学活动“有趣的蛋”

【学习目标】

1. 了解科学观察认识型活动的含义、特点以及意义。
2. 了解小、中、大班幼儿观察认识能力特点以及教育目标。
3. 掌握幼儿园科学观察认识型活动教育内容。
4. 掌握幼儿园科学观察认识型活动的设计步骤及要求。
5. 能够根据活动组织的要求完成科学观察认识型活动的模拟教学。

案例情景

中二班的小如今天带来了一本恐龙书，还有一个恐龙蛋玩具。小朋友们马上围了过来，一起饶有兴致地看着，尤其是对恐龙蛋争论不止。哲哲小朋友说：“这又不是真的恐龙蛋，我见过鹅蛋，也很大的。”依依小朋友也说：“这不是真恐龙蛋，恐龙蛋有这么大。”其他小朋友也在七嘴八舌地讨论着。老师看到孩子们对蛋有这么浓厚的兴趣，于是一个关于“蛋”的主题活动开始了。花花老师倡议孩子们回家收集有关蛋的资料和图片，让孩子们一起走进蛋的世界，从而激发幼儿探究的兴趣，提升幼儿与蛋相关的经验知识。

提出任务

结合情景，分析不同年龄阶段幼儿的观察认识能力，请依据科学观察认识型活动的设计要求，完成中班科学观察认识型活动“有趣的蛋”，并进行模拟教学。要求活动设计体现幼儿年龄特点，符合幼儿兴趣需要，能够激发和提升幼儿探究的兴趣和观察能力，增加与蛋相关的经验知识。能够根据评价完善自己的设计，并能够完整组织活动，提升教学组织能力。

学习新知

一、科学观察认识型活动的意义

观察是幼儿有目的、有计划、相对持久地感知事物与现象的知觉活动。观察是幼儿认识事物与现象最主要的方法。幼儿通过观察可以积累大量的知识和经验，为幼儿科学兴趣、科学概念的形成和发展奠定基础。组织科学观察认识型活动可以帮助幼儿掌握科学的观察方法和技能，促进幼儿多元智能的发展，锻炼大脑信息加工的能力，还可以促进幼儿注意力、思维能力和语言表达能力等的发展。

二、科学观察认识型活动的类型

在实践中，科学观察认识型活动可以是专门组织的活动，也可以是在观察实验中或其他活动过程中运用的观察方法。根据不同的分类标准，通常将科学观察认识型活动分为以下几种类型：

1. 根据观察对象数量的多少，可分为个别观察和比较性观察。

个别观察是指幼儿有目的地运用多种感官，对某一特定的自然物、自然现象或科技产品进行的观察。

比较性观察指幼儿对两种或两种以上的自然物或自然现象进行观察，以发现其共性和差异。

2. 根据观察时间的长短，可分为长期系统性观察和偶发性观察。

长期系统性观察是指幼儿为探索自然现象的发生（如动、植物的生长和变化，天气、季节的变化等）而进行的观察。

偶发性观察是指教师或幼儿对周围环境中偶然发生或出现的、有教育价值的事物与现象进行的观察，比如观察彩虹、冰雹、蚂蚁搬家等现象。

三、科学观察认识型活动的内容

按照观察对象和内容的不同，幼儿园的科学观察认识型活动主要有以下几类：

1. 观察动物

幼儿通过观察常见动物的生活习性和特征，了解动物的多样性，探索和发现动物与环境的关系，这也是幼儿园科学教育的重要内容。通过让幼儿接触动物，引导幼儿关注、发现、观察、饲养、记录周围常见小动物的生活习性和典型特征，获得与动物相关的经验，感受动物的多样性，了解和探索动物与环境的依存关系，萌发对动物的关爱之情。探究动物的居住环境、动物需要的食物探究动物的形态与环境、动物的生长与环境、动物与季节变化、动物与人相互依存等的关系。

具体内容：熟悉的动物有哪些；动物的形态特征；动物是怎样活动的；动物的生长变化；动物怎样过冬；动物住在哪里；动物怎样长大；动物吃什么等。

2. 观察植物

幼儿通过观察植物的生长变化过程，认识植物的多样性，感知植物与季节变化的关系，探究植物的生长条件，了解植物与人类的依存关系。

具体内容：观察常见植物的特征；认识常见植物的根、茎、叶、花、果实等；知道种子里面有什么；了解根和茎是怎样生长的；理解种子是如何生长的；知道种子会长成有根、茎、叶和花的植物；知道植物是如何过冬的；知道种子生长需要什么条件；知道植物的生长需要什么条件；了解哪些植物可以食用；知道植物可以用来做什么等。

3. 观察人体

幼儿对自己身体的观察和认识，不仅可以满足幼儿的兴趣和好奇心，还可以获得对于自己身体的认识，有助于幼儿保护自身安全，维护身体健康。

具体内容：我的五官；我的手可以用来做什么；我看起来像什么等。

4. 观察天气和季节

天气和季节是自然环境的要素之一，是人类生活环境的重要组成部分。观察和了解天气与季节现象，对于幼儿认识自己的生活环境，主动地适应环境以及保护身体的健康都有重要的意义。

具体内容：了解天气变化和季节变化。其中，小班的观察重点是日常的天气，知道天气的明显变化；中班的观察重点是四季的明显特征及其相关的天气现象；大班的观察重点是天气、季节与动植物及人们生活的关系，主动适应天气的变化。

5. 观察太阳、月亮和星星

太阳、月亮和星星是幼儿无法直接探索的天体，需要借助可以直接观察到的现象、科学图书或太空模型等帮助幼儿获得有关太阳、月亮和星星的经验。

具体内容：太阳如何使地球变暖；阳光是人类和动植物生存的必要条件；月亮的变化规律；星星的数量；太阳的颜色和形状；太阳带来的光和热；阳光是人和动植物生长所必需的条件之一；观察夜空中月亮的变化；观察夜空中的星星等。

四、科学观察认识型活动的设计步骤及要求

（一）活动目标

科学观察认识型活动目标的设计要考虑各年龄阶段幼儿的特点及发展目标（见表4-1），也要符合幼儿的兴趣需要。

表4-1 科学观察认识型活动发展目标

年龄班	目标
小班	1. 对感兴趣的事物能仔细观察，发现其明显特征 2. 能用多种感官或动作去探索物体，关注动作所产生的结果 3. 能够观察并简单描述事物的变化和现象的发生 4. 认识常见的动植物，能注意并发现周围的动植物是多种多样的
中班	1. 能对事物或现象进行观察比较，发现其相同点与不同点 2. 能根据观察结果提出问题，并大胆猜测答案 3. 能通过简单的调查收集信息 4. 能用图画或其他符号进行记录
大班	1. 能通过观察、比较与分析，发现并描述不同种类物体的特征或某个事物前后的变化 2. 能用一定的方法验证自己的猜测 3. 在成人的帮助下能制订简单的调查计划并执行 4. 能用数字、图画、图表或其他符号进行记录 5. 能察觉到动植物的外形特征、习性与生存环境的适应关系

想一想

结合中班幼儿的特点，完成活动目标的设计。

（二）活动准备

经验准备：幼儿在开展活动之前已经具备一些相关经验。

物质准备：一般包括观察对象、观察记录表、其他相关道具以及创设相关环境等。

（三）活动过程

1. 物体观察设计思路

（1）创设情景，激发兴趣。教师可以通过与“蛋”有关的游戏、儿歌、故事、实物等，引出活动主题，激发幼儿观察的兴趣，时间保持在3分钟左右。

（2）幼儿自由观察并记录。教师通过引导语、提问等方式，引导幼儿自由观察。通过分组观察或集体观察等形式，保证所有幼儿都能仔细观察。

（3）交流观察结果。教师在幼儿自由观察的基础上，请幼儿进行交流分享，介绍一下自己观察到的内容，给幼儿充分的表达机会。可以采用小组交流或集体交流等方式。教师通过指向性问题引导幼儿总结观察结果。

2. 现象观察设计思路

（1）创设情景，激发兴趣。通过创设相关情景，激发幼儿对观察现象的兴趣和好奇心，引出观察对象。教师可以通过谜语、图片、故事、游戏等方式引起幼儿对观察对象的兴趣，产生好奇心，进而为接下来的观察打基础。

（2）观察现象。该环节教师可以通过多种方式引导幼儿观察现象，在幼儿的观察过程中，教师要注意引导幼儿观察，并且组织交流讨论。在该环节，教师可以提出观察任务，引导幼儿进行集体观察或分组观察；教师也可以请幼儿边观察边记录，通过图画、文字等形式将观察结果进行记录，以方便交流分享和比较，同时提升幼儿的记录能力。

（3）讨论和交流。现象观察活动适用于观察变化的发生。教师可将观察、指导和交流相结合，可在观察后引导幼儿对观察到的现象加以讨论，形成科学经验。

（4）结束活动。结束活动的方式多种多样，如教师总结、幼儿总结、提出新的任务、游戏巩固等。

3. 展示观察设计思路

展示观察一般适用于观察认识物体的多样性，其设计思路如下：收集展品——布置展览——共同参观——表达交流——教师总结（或开放性结束）。其中收集展品、布置展览属于渗透性的自由观察活动。展示观察是在教师引导下对各类物品进行集中观察、表达交流的活动。

4. 长期观察设计思路

长期观察不可能通过一次活动来完成，教师在观察前应该首先激发幼儿的观察兴趣，引导幼儿了解观察的对象，明白观察记录的方式和方法；在过程中要重点指导，引导幼儿养成定时定点观察和记录的习惯；针对观察过程要及时地分享交流，引导幼儿思考，生成新的探索内容。

想一想

根据以上知识，结合观察活动目标，合作完成活动过程的思路设计。

（四）活动延伸

教师要利用区角活动、生活活动、家园互动等形式，设计相关任务或情景，引导幼儿继续自主观察，培养幼儿观察兴趣，掌握观察技能。

活动设计

请学生结合以上内容，自主或合作完成“有趣的蛋”的活动设计，自选年龄阶段，要求设计符合幼儿的年龄特点和兴趣需要。根据科学观察认识型活动设计评价表进行评价（见表4-2）。根据评价意见进行修改和完善，总结经验。

表4-2　科学观察认识型活动设计评价表

评价项目	评价内容	自评与他评
活动目标	1. 目标明确、重点突出、具有可操作性 2. 目标涉及知识、技能、情感三个方面 3. 目标表述清晰，表述规范正确	☆☆☆☆☆
活动准备	1. 活动准备包括经验准备和物质准备两个部分 2. 环境、材料要适宜，在最大程度上支持和满足幼儿的学习、探索 3. 经验准备符合本次活动的需要	☆☆☆☆☆
活动过程	1. 活动过程要围绕“有趣的蛋”主题设计，突出重难点 2. 设计结构严谨，层次清楚，环节衔接流畅 3. 过程设计详细，体现教师教学方法和意图，设计各个环节的关键引导语	☆☆☆☆☆
活动延伸	1. 延伸活动可以对课堂教学内容进行广度或深度上的拓展 2. 活动延伸符合幼儿的兴趣需要	☆☆☆☆☆

模拟教学

关于幼儿园观察活动的组织实施，《指南》给出了非常明确的指导意见供教师参考：有意识地引导幼儿观察周围事物，学习观察的基本方法，培养观察与分类能力，如支持幼儿自发的观察活动，对其发现表示赞赏。通过提问等方式引导幼儿思考并对事物进行比较性观察和连续观察。引导幼儿在观察和探索的基础上，尝试进行简单的分类、概括，如根据运动方式给动物分类，根据生长环境给植物分类，根据外部特征给物体分类等。

做好充分的准备，根据设计进行模拟教学。在教学过程中，既要注意语言、肢体动作、师幼互动等常规内容，也要关注教学过程的组织、教学方法的运用配合等。结合科学观察认识型活动组织评价表（见表4-3）进行评价。

表4-3　科学观察认识型活动组织评价表

评价项目	评价内容	自评与他评
活动准备	1. 提供充足、多样的实验材料 2. 环境创设符合教学内容	☆☆☆☆☆
情景导入	激发幼儿对蛋的认识和了解的兴趣	☆☆☆☆☆
主体部分	1. 教态亲切、自然，有亲和力 2. 语言简练规范、生动、富有感染力，易于幼儿理解 3. 创设宽松、和谐的心理氛围 4. 教师能够仔细观察幼儿的表现，注意幼儿的变化 5. 鼓励幼儿用语言表达和交流实验的过程及结果	☆☆☆☆☆
结束部分	自然流畅，能够帮助幼儿了解本次活动所需掌握的知识，同时激发幼儿继续学习、继续探索的兴趣	☆☆☆☆☆

拓展任务

拓展任务：大班科学活动“有用的指纹”

活动设计符合该年龄阶段的发展目标，有趣生动，且能够激发幼儿的兴趣，关注幼儿的特点和发展。引导幼儿在观察指纹的过程中萌发对周围现象的好奇心和探究欲望，能对指纹进行探索和比较观察并大胆表达和总结自己的观察结果；引导幼儿通过观察发现、了解指纹的形状、数量的不同，知道每个人的指纹均不相同，以及指纹的类型及具体特征记号的用途。

案例分享

【案例4-1】 科学观察认识型活动设计

活动名称	滑滑的海带　小班　科学活动
活动目标	1．认识海带，知道海带的生长地点 2．从认识海带的过程中萌发对海洋植物的兴趣 3．用看、摸、比、模仿、品尝等方式感知海带的主要特征，学用词语“滑滑的”“皱皱的”等来描述海带的特征
活动准备	1．经验准备：幼儿吃过海带，知道海带的一些特征 2．材料准备：完整的干海带若干，装了清水的盆子，凉拌海带一盘，海带生长在海里的影像资料
活动过程	(一) 教师出示凉拌海带，请幼儿品尝，激发幼儿兴趣 1．教师分发海带丝，请幼儿品尝 师：老师邀请小朋友们品尝一种非常有营养的菜，小朋友吃完后告诉老师吃的是什么？ 2．播放海带生长环境的视频，请幼儿了解海带的生长环境 师：小朋友看到了什么？你们知道海带生长在哪里吗？ (二) 观察干海带，并用词语“长长的”“皱皱的”等来描述 教师出示干海带，引导幼儿观察 师：小朋友知道桌上放的是什么吗？干了的海带长什么样子呢？ 师：它们长得长长的、皱皱的 (三) 泡海带并观察变化 1．将海带泡入水中，观察海带的变化 师：我们看看回到水里的海带会变成什么样子 2．请幼儿摸一摸、看一看、闻一闻，说说感觉，找一找海带的“根”在哪 3．继续观察，说说海带之间有什么不同 师：每个海带宝宝的样子也不同，小朋友们仔细看，说一说哪儿不一样 (四) 品尝海带 师：把海带送给食堂的阿姨，请阿姨为我们做美味的海带汤 师：小小海带不但好吃，还有营养，我们把泡好的海带送给食堂的阿姨，请她们做好吃的给我们来品尝吧！
活动延伸	请幼儿回家以后和父母一起查阅资料，了解更多海带的知识

任务二　技术操作型活动的设计与组织——中班科学技术活动“厨房工具”

【学习目标】

1．了解幼儿园开展技术操作型活动的意义。

2. 了解小、中、大班幼儿技术操作型活动的发展目标。
3. 了解幼儿园技术操作型活动的教育内容。
4. 掌握幼儿园技术操作型活动的设计要求。
5. 能模拟组织开展幼儿园技术操作型活动。

案例情景

一天，小雨小朋友带来了一块小蛋糕，引起了其他小朋友的围观。小雨激动地和大家介绍，这是他和妈妈一起制作的，还向小朋友介绍家里的厨房有什么，小朋友们也纷纷开始议论自己家的厨房里有什么。以此为契机，花花老师以“厨房工具”为主题设计活动，引导幼儿认识和了解厨房里的各种工具，并让幼儿初步学会正确的使用方法。

提出任务

请结合以上情景内容，根据操作活动的设计要求，帮助花花老师完成中班“厨房工具”活动的设计，要求活动设计符合幼儿年龄特点和已有经验水平，抓住幼儿的兴趣点，既符合幼儿现实需要，又具有一定的挑战性，能让幼儿获得更多的工具使用的经验。在完成设计的基础上进行模拟教学。

学习新知

一、技术操作型活动的意义

技术操作型活动是指学习制作产品、使用科技产品或掌握某些工具的操作方法和技能的科学活动，是幼儿科学教育领域内的重要活动类型。技术操作型活动的意义包括：在技术操作型活动中，幼儿能够获得对技术的直接体验；技术操作型活动能加深幼儿对科学现象的理解；技术操作型活动能培养幼儿的动手能力。

二、技术操作型活动的内容

技术操作型活动在内容选择上首先要有趣味性，要充分考虑幼儿对所选内容是否感兴趣。《纲要》认为：幼儿科学教育是科学的启蒙教育，重在激发幼儿的认识兴趣和探究欲望。其次，要有适宜性，选择的内容要符合幼儿的年龄特征，不同年龄段的幼儿能学习什么内容是受其心智发展水平限制的，过难或过易的内容都不适合，应当摈弃。再次，要有发展性，选取的内容对幼儿终身学习和发展具有较高价值。最后，要有探究性，选择适合探究的内容来进行科学探究，这样有利于在科学教育内容中将科学探究的目标落到实处。技术操作型活动常见的内容如下：

1. 家用电器的操作使用

具体内容：了解常用的家用电器，如电视、冰箱、空调、遥控器等；掌握家用电器的简单使用方法；了解家用电器在生活中的作用等。

2. 生活用具的操作使用

具体内容：了解生活中常见的工具和安全的使用方法，如小锤子、小钳子、订书机、水壶、螺丝刀等。

3. 科技小制作

幼儿通过运用简单的、安全的、常见的工具和材料设计和制作一些简单的物品，体验发明制作的过程，获得对科学技术的直接体验，发展幼儿对设计制作的兴趣，激发创造力。

具体内容：制作简单的玩具、工具。

三、技术操作型活动的设计步骤与要求

（一）活动目标

技术操作型活动目标的设计要考虑幼儿不同年龄阶段的特点和发展目标（见表4-4），也要联系幼儿的已有知识和能力水平，以及幼儿的兴趣爱好等。

表4-4 技术操作型活动发展目标

年龄班	目标
小班	1. 经常问各种问题，或好奇地摆弄物品 2. 能用多种感官或动作去探索物体，关注动作所产生的结果
中班	1. 掌握简单工具的使用方法 2. 感受、体验科技给人们生活带来的方便 3. 常常动手动脑探索物体和材料，并乐在其中
大班	1. 学习运用工具和材料制作简单的科技玩具或生活小用品 2. 能经常动手动脑寻找问题的答案

想一想

结合中班幼儿的年龄特点，完成活动目标的设计。

（二）活动准备

活动准备一般包括经验准备和物质准备两部分内容。

1. 经验准备

经验准备是指幼儿在进行本次科学活动之前已经掌握的相关知识或具备的经验。比如幼儿在完成一个科技制作之前，必须要掌握相关的科技原理、操作方法，才能发挥聪明才智完成制作；幼儿在操作一个工具之前，必须要在生活中见过并了解过，不能是陌生的东西。

2. 物质准备

物质准备是教师完成本次活动需要准备的教具、学材等以及环境的创设。幼儿的技术

操作型活动绝大多数情况下不是从无到有的创新，所以需要教师把幼儿可以理解、操作的内容进行合理的加工和转化，设计成幼儿可以在做中学的内容。因此，物质准备需要教师提供适合幼儿的材料、教具等，比如提供给幼儿的说明书或操作手册就可以是教师加工后的以图为主的、便于幼儿自主阅读的说明书或操作手册。

（三）活动过程

1. 导入部分

教师可以根据幼儿的兴趣需要，选择恰当的导入方法，激发幼儿对技术操作的兴趣。常见的导入方法有谈话导入、故事导入、画面导入、情景导入、实物导入等。

2. 主体部分

这类活动通常可采用“明确任务——尝试操作——交流分享——完成任务”的模式进行设计。教师可以设计适合幼儿的任务，引导幼儿在完成任务的过程中去探索和交流讨论，从而发现产品和工具的正确使用方法，或者是发现科技制作的方法。最后，在完成任务的同时也可以感受使用产品、工具的便利，体验科技制作的趣味。活动设计要凸显幼儿的主体地位，充分发挥幼儿的主观能动性。

（四）活动延伸

同其他领域活动一样，延伸活动要激发幼儿继续学习、探究的兴趣，如：找一找厨房用的工具还有哪些，了解它们的名称、用途及使用方法等。

活动设计

根据案例情景、任务以及学习新知，围绕教学目标、幼儿兴趣和年龄特点完成活动准备、活动过程和活动延伸的设计。在完成设计以后，结合技术操作型活动设计评价表（见表4-5）进行自评和互评，并提出修改意见，完善设计。

表4-5　技术操作型活动设计评价表

评价项目	评价内容	自评与他评
活动目标	1. 目标明确、重点突出、具有可操作性 2. 目标涉及知识、技能、情感三个方面 3. 目标表述的角度统一	☆☆☆☆☆
活动准备	1. 活动准备包括经验准备和物质准备两个部分 2. 环境、材料要适宜，在最大程度上支持和满足幼儿的学习、探索	☆☆☆☆☆
活动过程	1. 活动过程要围绕主题设计，突出重难点 2. 设计结构严谨，层次清楚，环节衔接流畅 3. 过程设计详细，包括每个环节教师的教学方法、教师的重要提问、环节过渡语、环节小结和总结等	☆☆☆☆☆
活动延伸	1. 延伸活动能够对课堂教学内容进行广度或深度上的拓展 2. 活动延伸符合幼儿的兴趣需要	☆☆☆☆☆

模拟教学

首先，在进行模拟教学前，结合幼儿园教学的实际工作要求，创设适合的情景，准备好场地、教具、学材等；其次，通过录制视频、文字记录等方式，真实记录教学过程；最后，结合技术操作型活动组织评价表（见表4-6），针对模拟教学中存在的问题进行修正，提升教学组织能力。

表4-6　技术操作型活动组织评价表

评价项目	评价内容	自评与他评
活动准备	教师准备充分，教具、学材充分且符合幼儿需要	☆☆☆☆☆
情景导入	激发幼儿对技术操作的兴趣，导入方法选择恰当 注重师幼互动	☆☆☆☆☆
主体部分	1. 教态亲切、自然 2. 语言简练规范、生动、富有感染力，易于幼儿理解 3. 教师能够关注幼儿，凸显幼儿的主体地位，鼓励幼儿的探索 4. 环节完整，衔接流畅	☆☆☆☆☆
结束部分	自然流畅，能够帮助幼儿了解本次活动所需掌握的知识，同时激发幼儿继续学习、继续探索的兴趣	☆☆☆☆☆

拓展任务

拓展任务一：小班科学活动“神奇的遥控器”

结合本节所学内容，设计活动引导幼儿通过观察、探索活动，知道遥控器是多种多样的，初步了解遥控器在生活中的运用，学习遥控器的使用方法，感受玩遥控玩具的乐趣。

拓展任务二：大班科学活动“有趣的不倒翁”

设计本次活动，要求符合幼儿的年龄特点和兴趣需要，引导幼儿在观察、动手制作不倒翁的过程中，体验自主探索的乐趣。能运用恰当材料制作不倒翁，并与同伴交流和展示自己动手操作的过程和结果。发现不倒翁不会倒的原因：一是上轻下重，二是底面大而圆滑。简单了解物体重心、物体底面面积的大小与稳定性之间的科学道理。

案例分享

【案例4-2】　技术操作型活动的设计

活动名称	会翻跟斗的小熊　大班　科学活动
活动目标	1. 对科学小制作活动感兴趣，尝试制作“会翻跟斗的小熊”玩具 2. 大胆探索，初步运用重心转移原理制作玩具 3. 能大胆表达自己的观察与操作过程和结果，乐于参与其中
活动准备	1. 经验准备：幼儿已认识圆柱体，并了解圆柱体会滚动的特性，初步了解重心转移的现象 2. 物质准备：木板、积木、瓶子、小熊贴纸、长条形纸、透明胶、固体胶等

（续）

活动过程	（一）幼儿玩“会翻跟斗的小熊”，引发幼儿对玩偶翻跟斗现象的兴趣 师：今天老师带来了好玩的小熊玩具，请你们两个人一组玩一玩，把小熊放在斜坡线上，然后松开手，仔细看看会有什么有趣的发现？ 1．幼儿两人一组，自由玩“会翻跟斗的小熊” 2．操作完成后师幼进行交流分享 师：在玩小熊玩具时，你有什么发现？有什么好奇的地方或者有什么疑问需要跟大家一起研究的，可以大胆提出来？ （二）探索制作“会翻跟斗的小熊”的方法 1．观察、讨论制作“会翻跟斗的小熊”的材料和方法，师幼共同用图示的方法进行梳理 师：我们可以自己制作一个这样的玩具，也许在制作和玩的过程中你就慢慢找到问题的答案了。那要制作这个玩具需要哪些材料呢？ 2．了解制作玩具所需的材料 师：小朋友们拆一拆、看一看，制作这个小玩具需要哪些材料呢？ 小结：木板、积木、瓶子、小熊贴纸、长条形纸、透明胶、固体胶等 （三）幼儿自主选择材料制作玩具 1．教师请幼儿合作选择材料，制作玩具 师：和同伴商量选择不同的材料进行制作，做完后两人一起玩一玩、比一比、说一说 2．分享交流“会翻跟斗的小熊”的制作经验 （1）幼儿两人一组边玩边自由交流“会翻跟斗的小熊”的不同状态 （2）集中交流制作的经验 师：你用了什么材料来制作玩具？制作的过程中有什么发现可以分享吗？你的玩具会翻跟斗吗？你觉得为什么你的玩具不会翻跟斗？ （3）师幼共同梳理制作“会翻跟斗的小熊”的经验。 （四）调整、改进玩具，体验制作成功的乐趣 师：如果你的“小熊”还不能翻跟斗，可以重新调整、改进你的玩具，让它能够翻跟斗。如果你的“小熊”能成功地翻跟斗，你还可以选择其他的材料再制作一个“会翻跟斗的小熊”
活动延伸	1．延伸到科学区，引导幼儿继续制作会翻跟斗的小熊 2．从日常生活中寻找会翻跟斗的物体，进一步感知物体重心转移的有趣现象

任务三　科学实验探索型活动的设计与组织——大班科学实验“水和油”

【学习目标】

1．了解科学实验探索型活动的意义和内容。
2．了解小、中、大班幼儿科学实验探索型活动的教育目标。
3．了解幼儿园科学实验探索型活动的教育内容。
4．掌握幼儿园科学实验探索型活动的设计要求。
5．能模拟组织幼儿园科学实验探索型活动。

案例情景

幼儿园科学实验探索型活动的选择既要贴近幼儿的实际生活，选择幼儿感兴趣的事物和问题，又要有助于拓展幼儿的经验和视野。今天一早，大班老师发现，小朋友们对教师放在科学探索角的两种液体特别感兴趣，大家都在讨论这到底是什么。为了满足幼儿的好奇心，教师准备设计一次科学实验探索型活动，引导幼儿感知油、水分离的现象及几种粮食在油、水中沉浮的现象。引导幼儿学习如何观察实验现象和记录实验结果。

提出任务

请依据科学实验探索型活动的设计要求，完成大班科学实验探索型活动“水和油”的活动设计，并进行模拟教学。要求活动设计体现幼儿年龄特点，符合幼儿兴趣需要，能够激发幼儿对科学实验的兴趣，体验科学知识在生活中的运用。要求活动新颖有趣，各环节环环相扣。

学习新知

一、科学实验探索型活动的意义

科学实验探索型活动是指幼儿在教师指导下，通过动手操作仪器和材料，发现客观事物的变化及其关系的科学活动。科学实验探索型活动能够调动幼儿学习科学知识的主动性和积极性，培养幼儿探索科学的兴趣。在实验中，幼儿亲自操作物体，尝试改变物体，能够极大地满足幼儿的探究欲望。实验能让幼儿体验到科学探究的本质，通过“做中学”引导幼儿发现问题、提出问题、解决问题，体验科学研究的过程。

二、科学实验探索型活动的内容

科学实验探索型活动的内容非常广泛，包括简单的物理、化学现象，生活常识等。

1. 水

具体内容：（1）了解水的物理性质：水是无色、无味、透明的液体；水是由高处向低处流动的；水有固态、气态、液态三种存在状态；水的存在状态在一定条件下可以发生变化；有些物体能在水中溶解，有些物体不能在水中溶解；有些物体可以与水融合，有些物体不会与水融合；有些物体在水中会浮起来，有些物体在水中会沉下去；水能渗透到哪些物质里。（2）了解水的生态意义：水有多种用途；水是动植物生存的必要条件；水是我们的好朋友；地球上的水源；节约用水、保护水源等。

2. 力

具体内容：感受力的大小；探索和发现力与运动的关系；探索和感受各种力的现象；探索平衡条件；认识各种简单机械；探索如何省力；了解杠杆原理等。

3. 声音

具体内容：辨别各种声音（如噪声、乐声、自然的声音、人的声音等）；探索声音的产生（如不同的物体会产生不同的声音）；探索声音的传播；观察生活中传播声音的科技产品；了解噪声的危害等。

4. 光与颜色

具体内容：探索和认识光源；认识光对于人类和动植物生存的重要性；利用镜子探索光的反射和折射现象；探索光和影子的关系；探索两种不同的颜色混合在一起会变成新的颜色等。

5. 电

具体内容：了解电的用途；认识电的危险性；学会安全用电；探索摩擦起电的现象；了解电在日常生活中的作用（如家用电器的运转、电动玩具的开动等）；了解生活中电的来源（风力、水力、太阳能发电）；探究什么物体能够导电，什么物体不能导电；了解安全用电的常识等。

6. 空气

具体内容：植物的生长需要空气；我们正呼吸着空气；空气的流动形成风；怎样能将袋子中装满空气；降落伞的作用等。

7. 沙、石、土

具体内容：地球上覆盖大量的沙、石、土；探索沙、石、土的特性和用途；沙、石不适合植物生长，肥沃的土壤适合植物生长；合理利用土地等。

8. 热与温度

具体内容：知道有的物体是热的，有的物体是凉的；用感官判断物体的凉和热；用温度计简单测量物体的温度；探索如何使物体变凉或变热；知道天气有冷也有热等。

9. 磁

具体内容：认识各种各样的磁铁；磁铁能吸引什么；磁铁能隔着一些材料吸引物体；探索和发现磁铁之间存在吸引和排斥的现象；哪块磁铁的磁力大，哪块磁铁的磁力小；磁铁在日常生活中的运用等。

10. 化学现象

具体内容：手变脏后用香皂洗手；食物容易发霉；酸奶是牛奶发酵而成的；碘酒能让淀粉产生变色反应；苏打粉倒进醋里会产生气体等。

三、科学实验探索型活动的设计步骤及要求

（一）活动目标

不同年龄阶段的幼儿科学实验探索型活动的目标也不同，见表4-7。

表4-7　科学实验探索型活动发展目标

年龄班	目标
小班	1．能用多种感官或动作去探索物体，关注动作所产生的结果 2．认识常见的动植物，能注意并发现周围的动植物是多种多样的 3．能感知和发现物体和材料的软硬、光滑和粗糙等特性 4．能感知和体验天气对自己生活和活动的影响 5．初步了解和体会动植物对人类的贡献
中班	1．能感知和发现动植物的生长变化及其所需的基本条件 2．能感知和发现常见材料的溶解、传热等性质或用途 3．能感知和发现简单的物理现象，如物体形态或位置变化等 4．能感知和发现不同季节的特点，体验季节对动植物和人的影响 5．初步感知常用科技产品与自己生活的关系，知道科技产品有利也有弊
大班	1．能察觉到动植物的外形特征、习性与生存环境的适应关系 2．能发现常见物体的结构与功能之间的关系 3．能探索并发现常见的物理现象产生的条件或影响因素，如影子、沉浮等 4．感知并了解季节变化的周期性，知道变化的顺序 5．初步了解人们的生活与自然环境的密切关系，知道尊重和珍惜生命，保护环境

目标的设计要具有可行性，符合幼儿的年龄特点，通过本次活动基本能够实现该目标。活动目标的制定要有层次，不同年龄段的幼儿科学探索活动要体现幼儿的发展水平。目标的制定要凸显科学实验探索型活动的特点，重视幼儿亲历自主的探索过程，学习探索方法，培养幼儿热爱科学的情感，但不宜强化科学知识的获得。同时，目标的制定要体现综合性，从情感、态度、过程方法、能力、知识经验等方面综合考虑。

想一想

结合大班幼儿科学实验探索型活动的年龄阶段目标，设计本次“水和油”活动的目标。

（二）活动准备

活动准备一般包括经验准备和物质准备两部分内容。

1. 经验准备

经验准备是指幼儿在参与本次活动之前已经掌握的相关知识、实验方法、经验等。

2. 物质准备

物质准备是指完成本次活动需要准备的教具、学材、实验器材以及环境的创设等。丰富的材料是幼儿进行科学实验探索型活动的基本保障。

（三）活动过程

1. 导入环节

教师可以利用多种方法，如故事、实验探索、生活现象等创设问题情景，激发幼儿探索的兴趣。（见名师分享4-1、4-2）

【名师分享4-1】

活动名称：我们来找风　大班　科学活动

师：我们一起来找找风在哪里，你到哪里能找到风，你是怎么发现风的？

【名师分享4-2】

活动名称：奇妙的水　大班　科学活动

师：小朋友看看老师手里有什么？请小朋友想一想，如果老师把手里红色的水倒入透明的水里，会发生什么现象呢？我们来试一试吧！

2. 主体部分

针对幼儿难以操作的实验，教师可以通过示范来帮助幼儿了解实验过程，理解实验原理。先引导幼儿了解实验材料，观察实验过程，进而探索实验原理。（见名师分享4-3）

【名师分享4-3】

活动过程：

1．认识材料，猜想如何模拟火山爆发现象。

师：我们一起来认识一下醋和小苏打，你知道生活中哪里会用到这些材料吗？把这两种材料混合在一起会发生什么呢？

2．把醋与小苏打混合，模拟火山爆发现象并观察变化。

师：大家看到了什么？老师刚才是怎么操作的？

3．幼儿尝试实验，并进行分享交流。

师：小朋友自己来尝试一下，自己动手操作试试。

师：交流一下你们是怎么实验的？有什么有趣的事情发生吗？

对一些比较简单的实验，如沉浮、重力等，教师也可以引导幼儿进行自主探索，发现操作与实验结果之间的关系，了解实验原理。（见名师分享4-4）

【名师分享4-4】

活动过程：

1．幼儿动手探索，进行实验。

师：大家尝试一下将各种物品逐一放入水中，边实验边记录自己的实验结果。观察比较哪些物体会沉下去，哪些物体会浮起来。

2．请幼儿将沉下去的物品和浮起来的物品进行分类，尝试分析原因。

师：请大家将沉下去的物品放到一个玩具框里，将浮起来的物品放到另一个玩具框里。想一想，为什么会有沉有浮。

3．请做完实验的幼儿将自己的实验结果与同伴交流。

师：和同伴说一说你的实验结果和你的想法吧！

3．结束部分

教师根据之前环节的设计选择合适的方式结束活动。可以请幼儿总结一下本次活动的主要内容，也可以教师自行进行总结，还可以激发幼儿继续探索的兴趣，鼓励幼儿继续学习。

（四）活动延伸

教师可以在科学探索角投放材料，请幼儿继续探索、继续学习。也可以设计成家园互动活动，请幼儿和家长继续探索。

活动设计

根据案例情景、任务以及学习新知，围绕教学目标、幼儿兴趣和年龄特点完成活动准备、活动过程和活动延伸的设计。在完成设计以后，结合科学实验探索型活动设计评价表（见表4-8）进行自评和互评，并提出修改意见，完善设计。

表4-8 科学实验探索型活动设计评价表

评价项目	评价内容	自评与他评
活动目标	1. 目标明确、重点突出、具有可操作性 2. 目标涉及知识、技能、情感三个方面 3. 目标表述的角度统一	☆☆☆☆☆
活动准备	1. 活动准备包括经验准备和物质准备两个部分 2. 环境、材料要适宜，在最大程度上支持和满足幼儿的学习、探索	☆☆☆☆☆
活动过程	1. 活动过程要围绕主题设计，突出重难点 2. 设计结构严谨，层次清楚，环节衔接流畅 3. 过程设计详细，包括各个环节教师的教学方法、重要提问、环节过渡语、环节小结和总结等	☆☆☆☆☆
活动延伸	1. 延伸活动可以对课堂教学内容进行广度或深度上的拓展 2. 活动延伸符合幼儿的兴趣需要	☆☆☆☆☆

模拟教学

在进行模拟教学前，结合幼儿园教学的实际工作要求，创设适宜的情景，准备好场地、教具、学材等。通过录制视频、文字记录等方式，真实记录教学过程。根据科学实验探索型活动组织评价表（见表4-9）进行有针对性的评价。

表4-9 科学实验探索型活动组织评价表

评价项目	评价内容	自评与他评
活动准备	1. 提供充足、多样的实验材料 2. 环境创设符合教学内容	☆☆☆☆☆
情景导入	激发幼儿对水油分离现象的兴趣，导入环节有新意、有趣味	☆☆☆☆☆
主体部分	1. 教态亲切、自然 2. 语言简练规范、生动、富有感染力，易于幼儿理解 3. 教学组织环环相扣，衔接语自然规范 4. 教师具备关注所有幼儿表现的意识，能够有针对性地指导幼儿进行实验探索 5. 鼓励幼儿用语言表达和交流实验的过程及结果	☆☆☆☆☆
结束部分	自然流畅，能够帮助幼儿了解本次活动所需掌握的知识，同时激发幼儿继续学习、继续探索的兴趣	☆☆☆☆☆

拓展任务

拓展任务：中班科学活动“我们来造桥 ”

请围绕“造桥”这一主题设计中班活动，可以引导幼儿动手搭建，引导幼儿发现不同形状、不同材质物品的承受能力。通过预测、实验、验证的科学方法和步骤，使小朋友更乐于动手操作并发现其中的奥妙。

案例分享

【案例4-3】 科学实验探索型活动设计

活动名称	神奇的纸杯　大班　科学活动
活动目标	1．能积极参与实验活动，对实验现象和实验过程感兴趣 2．了解纸吸水后易变形的特点，并知道用涂蜡的方法，可以保护纸不透水 3．在操作活动中仔细观察实验现象，大胆交流
活动准备	纸折的杯子、纸杯、毛笔、融化的蜡、水桶、盆子
活动过程	（一）“纸杯运水”游戏，激发幼儿的活动兴趣 1．教师出示纸杯，引起幼儿的注意 师：小朋友，你们猜一猜，老师这里摆这么多杯子要干什么？ 2．介绍游戏 师：今天，老师要请小朋友用这些杯子来玩“纸杯运水”的游戏。老师把小朋友分成男孩队和女孩队，每人先拿一个杯子在水桶后站好。当老师喊“开始！”的时候，小朋友就拿杯子去装水，然后再运到对面，倒进盆子里面。我们来比比看，哪队的小朋友能最先将盆子装满水 3．幼儿游戏 （二）师幼讨论，引出问题 1．提出问题 师：为什么女孩队没有男孩队装的水多呢？大家一起找找问题的原因（通过交流，引导幼儿发现女孩队的纸杯漏水，男孩队的纸杯不漏水） 2．引导幼儿观察，寻找问题答案 师：这是为什么呢？看起来一样的杯子，为什么男孩队的不漏水？小朋友们自己观察一下，也可以用手摸一摸 3．在孩子发现纸杯上有“白白的东西”的基础上，引导幼儿进行猜测 师：这些白白的东西是什么呢？（蜡）小朋友想想，纸杯上为什么要涂蜡？ （三）幼儿实验，感知蜡可以防水的特点 1．引起实验兴趣 师：纸杯上涂了蜡就真的不透水了吗？我们也来试试看 2．教师介绍实验，指导幼儿进行实验 师：小朋友们，老师这里有两盆融化了的蜡，是老师用一根根蜡烛融化而来的。小朋友用毛笔蘸蜡，先从底部涂抹；干了以后，从上到下均匀地涂开，把纸杯外面的每一个地方都要涂到 3．引导幼儿进行实验探索 将幼儿分成男孩组和女孩组分别进行实验，提醒幼儿注意安全 师：我们比一比，男孩和女孩各一组，看看哪组的小朋友把纸杯涂得又均匀又完整 4．鼓励幼儿将涂好蜡的纸杯进行装水检验 师：我们来比一比吧 （四）进行小结加深对问题的理解 今天我们发现了纸杯不漏水的秘密，原来是纸杯上面涂了蜡。小朋友回去后，可以向别的小朋友介绍这个秘密。也可以再去看看家里的纸杯，是不是上面也涂了蜡
活动延伸	将物品投放到区角活动中，引导幼儿在生活活动中自由探索

任务四　分类活动的设计与组织——大班数学活动“按两种特征分类”

【学习目标】

1．了解幼儿园分类活动的教育目标。

2．掌握幼儿园分类活动的类型和组织的方法。

3．掌握幼儿园分类活动的设计步骤。

4．能较完整地模拟组织幼儿园的分类活动。

案例情景

“分类”是数学活动中的一项重要内容，在日常生活中也会经常用到。比如超市里物品的摆放、图书馆里图书的摆放、家中整理房间等，都要运用到有关的分类知识。《纲要》中指出，要让幼儿从生活和游戏中感受事物并体验到数学活动的乐趣和重要性。

大班的花花老师为了引导幼儿学习数学分类知识，设计了一系列活动，包括认识分类、按颜色形状分类、按两种特征分类、找妈妈等。在这些活动中，花花老师想请同学们来设计“按两种特征分类”的分类活动。

提出任务

依据上述材料，根据大班幼儿分类学习的特点完成“按两种特征分类”的活动设计，并进行模拟教学。要求活动设计体现幼儿年龄特点，符合幼儿兴趣需要，能够引导幼儿在活动中主动探索，发现分类的方法，训练幼儿的分类能力。

学习新知

一、分类活动的意义

分类就是把具有相同特征的事物归并在一起。分类教育可以帮助幼儿感知集合并逐步形成关于具体物体的集合概念。当幼儿把具有相同特征的物体归放在一起时，他们也就初步形成了关于这一类物体的集合概念。例如，在将一类物体按某一标准分成两小类，再将两小类合并起来成为一类物体的操作过程中，幼儿对类与子类（即集与子集）的关系，或者说对整体与部分的关系便有所体验。

二、分类活动的内容

（一）分类活动的种类

1．按物体的一个特征分类

物体的特征如颜色、形状、材质、用途、功能等都可以作为分类的标准。在按物体特征进行分类时，教师要把握难易程度，如果存在各种干扰因素，那么分类难度也就提高了。例如按颜色分类时，如果物体除颜色不同外，其大小或形状也不同，这时幼儿就要设法排除物体的大小和形状特征的干扰，按不同颜色正确分类。另外，在学习了按物体的颜色、大小、形状等外部特征进行分类之后，教师还可以引导幼儿按照物体的功能、用途进行分类。

2. 按物体的两个特征分类

按物体的两个特征分类要求幼儿能同时从两个角度（或称维度）来划分物体的类别。例如当分类要求是将红色的正方形纸片放在一起时，幼儿只有找出红颜色的、而且是正方形的纸片才符合要求。在按物体的两个特征分类时，要求幼儿必须同时注意两方面的要求，其难度有所提高。

3. 按物体的某一特征的肯定与否定的标准分类

肯定标准是指符合某一特征的所有物体，否定标准是指不符合某一特征的所有物体。该种分类的概括性和抽象性都提高，学习的难度也更大。例如，要求按红色（肯定）与非红色（否定）的标准分类时，非红色不是单指非红颜色中的某一种颜色，而是指除红颜色之外的所有颜色。因此，按该标准分类比按照某一具体颜色进行分类要更为概括和抽象。

4. 多重分类

多重分类是指针对同一组物体可以从不同标准出发进行不同分类。如一堆衣服可以按穿着的季节进行分类，也可以按成人装与童装、男装与女装、棉织品与非棉织品进行分类。这种分类对思维的敏捷性、灵活性要求都比较高，难度也比较大。

5. 层级分类

层级分类是指按照物体的某种特征进行多级次的连续分类。例如，一盘纽扣可以先按大小分成两类，接着将分成的两类各按颜色特征继续分类，再按纽扣的形状或纽扣眼的多少分类等。层级分类以一定的抽象思维能力与概括能力为前提，不是凭直觉进行判断，所以，幼儿进行层级分类时有一定的难度。

（二）认识“1和许多”

教师可以引导幼儿了解“1和许多”的概念，为学习数的概念打基础。幼儿需要知道当数不过来的时候可以用“许多”表示，好多个“1”放在一起就是“许多”。

（三）比较多少

在幼儿学会通过点数比较两组物的多少之前，教师可以引导幼儿采用“一一对应并放法”“一一对应重叠法”或“一一对应连线法”比较两组物体的多少，为幼儿将来进行数的大小比较打下基础。

三、分类活动的设计步骤及要求

（一）活动目标

分类活动目标的制定，既要考虑幼儿分类能力的发展目标（表4-10），还要考虑幼儿的兴趣爱好。

表4-10 分类活动发展目标

年龄班	目标
小班	1. 能从一堆物体中，把名称相同的物体拿出来 2. 能按物体的一种外部特征（颜色、大小、长短、形状）分类，每次分成一类或两类
中班	1. 能感知和发现常见几何图形的基本特征，并能进行分类 2. 能按物体的一个外部特征（颜色、大小、长短、高矮、粗细、形状）分类，每次分成两类或三类 3. 能按物体的数量分类，每次分成两类或三类
大班	1. 能按物体的一个外部特征（颜色、厚薄、宽窄、形状）分类，每次分成两类到四类 2. 能按物体的两个特征（大小和颜色、大小和形状、颜色和形状等）分类 3. 能按物体的数量分类 4. 能按物体的用途分类

想一想

设计分类活动的教学目标，要求表述规范，目标要涉及知识、技能、情感三个方面。

（二）活动准备

活动准备一般包括经验准备和物质准备两部分内容。

1. 经验准备

经验准备是指幼儿在参与本活动之前已经掌握的相关知识或具备的经验。幼儿的数学教育要紧密结合幼儿的生活经验，不能脱离生活实际。

2. 物质准备

物质准备是指完成本次活动需要准备的教具、学材、环境创设等。幼儿的思维特点决定幼儿数学的学习离不开实际的操作和直观的感受，教师要为幼儿提供充足的物质材料，满足幼儿的学习需要。

（三）活动过程

1. 分类活动过程设计

分类活动的过程设计没有一个固定的模式，教师应根据由易到难、从简单到复杂的原则，遵循数学知识的科学性以及幼儿认知能力发展的连续性和阶段性来进行分类活动的过程设计。常见的分类活动过程设计模式有以下两种：

（1）“学习——运用”模式。该模式比较简单，教师先引导幼儿学习物体的种类和简单的性质，然后引导幼儿进行分类。

① 创设情景，激发兴趣。教师通过生动有趣的方式激发幼儿对分类的兴趣。教师可以灵活运用各种导入方法，结合分类任务和幼儿特点设计导入环节。比如，在学习“按图形分类”活动中，教师为了更好地吸引幼儿的注意力，提高其参与活动的兴趣，可以根据幼儿的年龄特点，创设“帮图形宝宝捡东西”的情景激发幼儿的兴趣，使幼儿在轻松愉悦的气氛中学习，激发幼儿的探索欲望。

② 引导幼儿学习“种类”或者“性质”的概念。在进行分类之前，教师需要根据活动名称和目标，引导幼儿学习如形状、颜色、材质或者用途等种类或性质。比如，教师要请幼儿学习按三种颜色分类，该环节就要引导幼儿巩固对这三种颜色的认识。

③ 联系生活中的物品。引导幼儿联系生活中具备这种特征或属于这个种类的物品，让抽象的概念具体化。比如按颜色分类，教师可以引导幼儿找一找生活中是这些颜色的物品。

④ 组织分类游戏，巩固分类知识。教师可以利用游戏、活动等方式，引导幼儿进行分类，巩固对分类知识的学习。这种模式一般比较简单，教师可根据幼儿特点设计活动，适用于小、中班。（见名师分享4-5）

【名师分享4-5】

活动名称：按形状分类　小班　分类活动

活动过程：

（一）创设形状王国，激发幼儿对形状的兴趣。

师：小朋友，形状王国里来了几位朋友，大家想认识他们吗？（出示圆形、方形、三角形并分别做介绍。）

（二）引导幼儿认识圆形、方形、三角形，知道其简单特征。

师：刚才三个形状朋友介绍了自己，现在，你们认识他们了吗？能说出他们长什么样吗？（请幼儿分别讲述三种形状的特征，如讲述有困难，返回到上一环节再做一遍介绍）

（三）图形宝宝捉迷藏，了解各种形状的物品。

教师出示图片（图上有各种形状的物品），请幼儿找一找哪个图形宝宝藏在这里。

师：图形宝宝们来到草地上玩捉迷藏，你们看看他们藏在哪里了？

（四）帮图形宝宝找东西，引导幼儿按物体的形状进行分类。

教师创设游戏情景，请小朋友把各种形状的物品进行分类，并送回各种形状的房子里。

师：哎呀，形状朋友想请我们帮忙，草地上的东西他们分不清楚是谁家的了，我们帮他找找并送回去。那我们应该把哪些物品送回圆形、方形和三角形的房子里呢？

小结：小朋友真棒，我们把图形宝宝家里的东西都送回去了，图形宝宝非常感谢大家。

（2）“探索——归纳”模式。这种模式更加突出幼儿的主体地位，教师创设情景，提供相关材料引导幼儿发现其中的共性，引导幼儿感知分类、学习分类。

① 激发幼儿分类的兴趣，引出分类任务。该环节教师要通过有趣的方式，激发幼儿的兴趣。

② 幼儿自主探索分类。该环节教师需提供丰富的材料供幼儿自主探索或合作探索，引导幼儿发现规律，找出标准。

③ 归纳分类方式。该环节教师可根据幼儿分类的情况进行总结分析，归纳分类的方法。

④ 拓展任务。拓展任务的形式包括设计分类标志、二次分类、重新分类、分类游戏等。（见名师分享4-6）

【名师分享4-6】

活动名称：按用途分类　小班　分类活动

活动过程：

（一）创设超市情景，请幼儿把物品分类摆放。

师：小朋友们好，今天超市里来了很多货物，我们来看看，超市里面都有些什么，你们知道它们的名字吗？它们都有什么用？超市管理员叔叔今天生病了，小朋友能帮忙给货物分分类，摆放好吗？

（二）幼儿自主探索分析

1．教师下发物品卡片，请幼儿以小组的形式自主操作材料，尝试进行分类。

师：这些物品除了要整齐地摆在超市里，还需要小朋友想想办法，把物品分成不同的类型，这样客人们选购物品就会很方便，你们想一想哪些物品可以放在一起，试一试，说一说。

2．交流分类方式

教师请每个小组交流分享自己的分类方法，并说明原因。

师：你们是怎么分类的？为什么这样分？大家觉得合理吗？

（三）确定分类方式

1．教师和幼儿讨论，找出分类中存在的问题。

师：你认为大家设计的分类方法有道理吗？为什么？

2．分析、归纳分类方法

师：这么多的物品，我们可以有不同的分类方法，小朋友要按照自己的分类方法，把货物摆在物品架上。

（四）设计分类标志

1．观看超市图片，引导幼儿设计分类标志。

师：小朋友们，超市里的货物架上都有一个标志，人们根据标志很快就能找到自己想要的东西，我们也给小超市设计各种标志吧！

2．幼儿设计超市物品分类标志，教师巡回指导。

3．幼儿展示标志，并进行张贴。

想一想

根据上面提到的方法和设计步骤，形成初步的设计思路。

2．认识“1和许多”

引导幼儿理解“1和许多”之间的关系，对理解数的形成有重要影响。教师可以运用生动有趣的方式，引导幼儿感知“1和许多”的关系。（见名师分享4-7）

【名师分享4-7】

活动过程：

1．创设兔妈妈和小兔子的故事情景，引导幼儿感知“1和许多”。

图1

师：小朋友们看图片1上有什么呀？（兔妈妈和兔宝宝）今天兔妈妈家里的食物都吃完了，为了不让自己的小宝宝们挨饿，兔妈妈要去找食物了。

2. 引导幼儿理解“1和许多”。

师：图片上有几个兔妈妈、几个兔宝宝？

小结：图上有一个兔妈妈，有数不清的兔宝宝，当小朋友“数不清”的时候，可以用“许多”表示。

3. 出示新的情景，引导幼儿巩固对“1和许多”的认识。

师：兔妈妈来到草地上，看到一大片萝卜，请问这里有几个兔妈妈、几个兔宝宝？

4. 教师再次创设任务，引导幼儿运用“1和许多”。

如教师可以出示各种物品的图片，引导幼儿学习运用“许多”来描述数量。

（四）活动延伸

为了保持教学活动的完整性、连贯性，激发幼儿继续探索学习相关内容，教师可以将活动延伸到户外活动、区域活动、家庭或社会活动中。

活动设计

根据案例情景、任务以及学习新知，合作完成本次活动设计任务。围绕教学目标、幼儿兴趣和年龄特点完成活动准备、活动过程和活动延伸的设计。根据两种特征进行分类，引导幼儿运用两个维度进行思考，教师可以创设一些游戏情景，引导幼儿在游戏、探索的过程中巩固分类知识。在完成设计以后，结合分类活动设计评价表（见表4-11）进行自评和互评，并提出修改意见，完善设计。

表4-11　分类活动设计评价表

评价项目	评价内容	自评与他评
活动目标	1. 目标围绕幼儿分类能力的培养进行设计 2. 目标涉及知识、技能、情感三个方面 3. 表述正确，目标具有较强的可操作性	☆☆☆☆☆
活动准备	1. 活动准备包括经验准备和物质准备两个部分 2. 环境、材料要适宜，在最大程度上支持和满足幼儿的学习、探索	☆☆☆☆☆
活动过程	1. 活动过程设计包括情景导入、主体部分和结束部分 2. 设计结构严谨，层次清楚，环节衔接流畅 3. 过程设计详细，体现教与学，并为各个环节设置关键引导语	☆☆☆☆☆
活动延伸	1. 延伸活动可以对课堂教学内容进行广度或深度上的拓展 2. 活动延伸符合幼儿的兴趣需要	☆☆☆☆☆

模拟教学

在进行模拟教学前，结合幼儿园教学的实际工作要求，创设适合的情景，准备好场地、教具、学材等。通过录制视频、文字记录等方式，真实记录教学过程。结合分类活动组织评价表（见表4-12），针对模拟教学中存在的问题进行修正，提升教学组织能力。

表4-12　分类活动组织评价表

评价项目	评价内容	自评与他评
活动准备	1. 材料在最大程度上支持和满足幼儿的学习、探索、操作的需要 2. 环境创设符合教学内容	☆☆☆☆☆
情景导入	1. 激发幼儿对分类活动的兴趣 2. 明确分类的任务	☆☆☆☆☆
主体部分	1. 教态亲切、自然 2. 语言简练规范、生动、富有感染力，易于幼儿理解 3. 活动组织有序、层次清晰、重点突出，节奏张弛有度，时间安排合理 4. 能够实现活动预设目标 5. 教具使用科学有效	☆☆☆☆☆
结束部分	自然流畅，能够帮助幼儿了解本次活动所需掌握的知识，同时激发幼儿继续学习、继续探索的兴趣	☆☆☆☆☆

拓展任务

拓展任务一：小班分类活动“按颜色分类”

小班进行分类活动的目的是让幼儿通过对各种材料的操作、摆弄形成一定的概括能力。让幼儿理解分类的标准是小班开展分类活动的重点和难点。幼儿对身边的事物有着敏锐的观察力，有渴望了解图形宝宝的欲望，针对小班幼儿的这一特点，请设计以图形分类为基础的活动。引导幼儿学会排除干扰，按颜色或形状特征进行分类，能自己动手进行分类操作活动，体验分类活动的乐趣。

拓展任务二：大班分类活动“图形分类统计”

《纲要》中指出，从生活和游戏中感受事物与数量的关系，体验学习数学的重要和乐趣。大班幼儿已经能熟练地分辨不同的几何图形，在此经验基础上，请将图形与分类统计结合到一起，为幼儿提供丰富的操作材料，激发幼儿进行探索并体验数学活动的乐趣，进而发展幼儿细致的观察力和动手操作能力。

案例分享

【案例4-4】　分类活动设计

活动名称	树叶分类　小班　分类活动
活动目标	1. 在教师的引导下积极参与活动，体验大树妈妈和树叶宝宝的浓浓亲情 2. 能排除大小的干扰，按黄、绿颜色对树叶进行分类
活动准备	1. 经验准备：幼儿已经能够认识一些常见的颜色，能够分清楚黄、绿色 2. 物质准备：一张大树图片；大小不等的黄色和绿色树叶（数量是幼儿的3倍，黄多绿少）；幼儿每人一个盒子，里面放3片树叶，放在椅子底下
活动过程	（一）树叶宝宝问个好，激发幼儿兴趣 师：秋天到，秋风吹，小树叶一片一片落下来。今天老师给大家带来了很多树叶宝宝，小朋友想不想和他们一起游戏呢？

（续）

活动过程	（二）引导幼儿区别黄、绿色 师：（教师拿起一片绿色树叶）这是什么颜色的树叶宝宝？那和绿色树叶宝宝问个好吧；（教师拿起一片黄色树叶）这是什么颜色的树叶宝宝？和黄色树叶宝宝也问个好吧！ （三）树叶妈妈找宝宝，初步感知分类 1．教师把树叶布置在一个区角，请幼儿捡树叶 师：你们喜欢树叶宝宝吗？那请你们来老师这里捡树叶吧，每个小朋友只能捡一片，然后回到自己的位置 2．黄树叶、绿树叶，引导幼儿初步感知分类 师：（教师拿起一片黄色树叶）黄色树叶宝宝在哪里？请把黄色树叶宝宝举起来；（教师拿起一片绿色树叶）绿色树叶宝宝在哪里？请把绿色树叶宝宝举起来 （四）送树叶宝宝回家，操作中学习按颜色分类 1．教师出示绿房子和黄房子，请幼儿送树叶宝宝回家 师：大树妈妈想念树叶宝宝了，我们送树叶宝宝回家吧。黄色树叶宝宝回黄色的房子，绿色树叶宝宝回绿色的房子 2．师幼一起检查，小树叶有没有回到自己的家 小结：树叶宝宝又回到了妈妈身边，真开心。绿色树叶宝宝住绿房子，黄色树叶宝宝住黄房子，真好
活动延伸	教师投放树叶和房子到探索区，请幼儿继续学习

任务五 排序活动的设计与组织——大班数学活动“按规律排序”

【学习目标】

1．了解小、中、大班幼儿排序教育的目标。

2．掌握幼儿园排序活动的类型和组织的方法。

3．掌握幼儿园排序活动的设计步骤。

4．能够根据设计完成模拟教学任务，并能针对性地进行评价。

案例情景

排序的过程是一个复杂的比较过程，它能促进幼儿有序性和可逆性思维能力的发展。大一班的花花老师发现，大班幼儿排序处于探索的状态，他们在做游戏的时候，常常会很有兴趣地按照颜色或形状有规律地穿木珠、玩积木、拼搭玩具等。为了提升幼儿排序的能力，花花老师想设计一次排序活动。

提出任务

根据情景，结合所学知识和幼儿各年龄阶段特征完成大班“按规律排序”活动的设计，引导幼儿在有趣的情景中探索、学习如何按规律排序。

学习新知

一、排序活动的意义

排序是将两个以上物体，按某种规则排列成序。开展排序活动有助于幼儿学习计数，认识数的顺序，理解抽象的数的概念，并对幼儿将来学习数学知识起着重要的铺垫作用。

二、排序活动的类型

排序活动的类型有以下几种：

1．按量的差异排序。如将不同物体按照大小、长短、高矮、粗细、厚薄和宽窄排序。

2．按某种规律排序。如按物体的大小、形状、颜色或不同的物体按照一定的规律排序，常见的排序方式如ABAB、ABCABC、AABB等，如图2～图4所示。

图2　不同物体按照ABAB规律排序

图3　不同大小按照ABAB规律排序

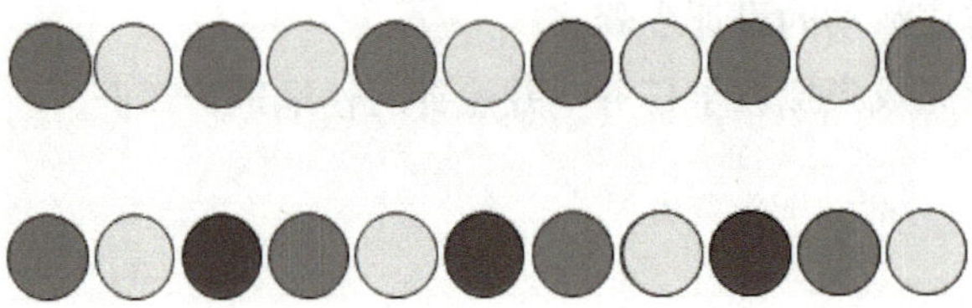

图4　不同颜色按照ABAB、ABCABC规律排序

3．数的排序。如将数字按照正数、倒数等方式排序。

三、排序活动的要求

1．明确排序的方向

教师在幼儿动手操作前应向幼儿说明排序的方向，明确是横向排列还是竖向排列。在实际教学工作中，有的教师对排序方向要求往往不够明确，造成错误的排列，这会直接影响到排序教学的效果。

2．明确排序的基线

在进行排序时，尤其是高矮、长短的排序，需在同一基线上才能进行正确的排序。教师要引导幼儿在进行比较的基础上进行排序，比较则必须在统一基线上进行。

3. 明确排序的规则

规则不同，对幼儿的要求也不同，同一活动内容的规则只要稍加改变，便能使排序活动的要求有所改变。如按三角形、圆形、正方形排序，老师应向幼儿说明什么形状排第一、什么形状排第二、什么形状排第三；按量排序时应说明是递增排列，还是递减排列；在按数排序时应向幼儿说明是从左往右排列，还是从右往左排列（初学应从左往右排列，即从1到10）。

四、排序活动的设计步骤及要求

（一）活动目标

教师根据幼儿的特点、排序活动的要求以及活动的意图设计活动目标，见表4-13。

表4-13 排序活动的发展目标

年龄班	目标
小班	能够按物的外部特征（颜色、形状）或量（大小、长短、高矮）的差异进行4个以内物体的正排序
中班	能够按物体量的差异，对7个以内物体按照递增和递减的顺序进行排序（正、逆排序）
大班	1．能发现事物简单的排列规律，并尝试创造新的排列规律 2．能发现和体会到按一定规律排列的物体比较整齐、美观 3．初步理解依次排列物体之间的可逆性、双重性和传递性关系

想一想

完成活动目标设计，目标要结合幼儿的发展水平和特点，表述角度要一致，要从知识、技能、情感三方面设计目标。

（二）活动准备

活动准备一般包括经验准备和物质准备两部分内容。

1. 经验准备

经验准备是指幼儿在参与本次活动之前已经掌握的相关知识或具备的经验。幼儿在学习排序之前必须能够区别如大小、长短等的差异，能够简单地比较物体的差异。

2. 物质准备

物质准备是指完成本次活动需要准备的教具、学材、环境创设等。在排序活动中，教师要提供大量的材料供幼儿探索，并引导幼儿自主探究，发现规律、运用规律。

（三）活动过程

1. 导入环节，激发幼儿兴趣

教师可以用图片、生活中的场景、游戏、创设情景的等方法导入。（见名师分享4-8、名师分享4-9和名师分享4-10）

【名师分享4-8】

游戏导入：教师出示俄罗斯套娃，请幼儿为其排队。

师：小朋友们，现在老师要请小朋友们一起请我们的小客人来做客。（请幼儿把套娃一个一个拿出）小套娃们想要排排队，谁能帮助一下他们？

【名师分享4-9】

图片导入：教师出示生活中各种有规律的图片，引导幼儿感知规律。

师：小朋友们看一看，图片中都有什么？大家觉得好看吗？为什么？这些图片有什么共同点？

【名师分享4-10】

情景导入：创设运动会情景，引导幼儿了解排序。

1．引导幼儿进入活动室。

师：今天森林体育馆里要举行动物运动会，邀请小朋友们去当小观众，你们愿意吗？那我们出发了。

2．请幼儿坐到座位上。

师：小朋友们，体育馆到了，请找一个座位坐下来吧！运动场布置的真热闹，你都看到了什么？这些东西是怎么排队的？

3．引导幼儿观察并进行表述。

如运动器械皮球（同色）是按照“大的、小的、大的、小的……”规律排列的；气球是按照“红的、紫的、红的、紫的……”规律排列的；彩旗是按照“三角形、长方形、三角形、长方形……”规律排列的等。

小结：运动会场地布置的可真漂亮，所有材料都是按规律排列的，有的按照长短排列，有按照大小排列，还有的按照颜色进行排列。这种按照一定规律排列的方法我们称为排序。

2．主体部分

在导入新课后，教师应该根据活动目标和幼儿特点，设计教学过程的主体部分，该部分教师可以引导幼儿学习排序规则并尝试排序；也可以提供材料，引导幼儿发现排序规律并运用规律进行排序等。（见名师分享4-11）

【名师分享4-11】

活动过程：

（一）引导幼儿感知排序规律

教师以小猫送冰糖葫芦的故事导入后，请幼儿观察糖葫芦是怎么排列的（红果黄果、红果黄果），引导幼儿了解排序规律。

师：我们来看看小猫送的冰糖葫芦是怎么排列的。

小结：小朋友观察得很仔细，冰糖葫芦是按照一个红的一个黄的这样排列的。

（二）幼儿自主探索排序规律

1．请幼儿自主按规律（红果、黄果）做冰糖葫芦。

师：我们也来做一串这样的冰糖葫芦送给小猫吧！

2．请幼儿展示自己的作品，并介绍自己的排列方式。

（三）运用规律进行排序

1．制作花环，再次尝试按照“红黄红黄”的规律进行排序。

师：为了感谢小猫，我们再做一个小猫喜欢的花环好不好？小猫喜欢有规律排列的花环哦。

2．幼儿展示并介绍自己的花环，教师进行简单的、正面的评价。

（四）以送花环和冰糖葫芦的形式结束课堂教学

在排序的教学中要注意以下问题：

（1）注重比较。幼儿刚开始学习排序时，教师要引导幼儿进行比较，在比较的基础上再动手进行操作。常见的比较内容包括比较大小、比较长短、比较多少等。其中，比较大小常用的方法包括目测法、重叠法等；比较长短常用的方法有叠放法、并放法、连线法等。

（2）注重操作。引导幼儿在摆弄物体的过程中进行探索，从而获得相关经验。教师对幼儿在排序活动中的操作要加以指导，为每个幼儿提供一套操作材料，保证每个幼儿都有操作的机会和条件。在幼儿操作的过程中注意使用富有启发性的问题引导幼儿进行探索发现。最后，组织幼儿讨论操作探索的结果，启发幼儿将操作中获得的感性经验加以整理和归纳。

（3）注重表述。幼儿练习排序后，教师要提供机会让其自由表述排序的结果，如可以引导幼儿说"谁最大排在前面，谁小一些排在中间，谁最小排在最后面"等。在通过厚薄排序对幼儿进行可逆性、传递性、双重性的教育时，可引导幼儿说"因为红皮书比蓝皮书厚，绿皮书又比红皮书厚，所以绿皮书比蓝皮书厚"。通过表述，幼儿可以对自己的排序结果进行检查，这样可以促进幼儿思维能力的发展。

（四）活动延伸

为了保持教学活动的完整性、连贯性，激发幼儿继续探索学习相关内容，教师可以将活动延伸到户外活动、区域活动、家庭或社会活动中。

活动设计

根据案例情景、任务以及学习新知，围绕教学目标、幼儿兴趣和年龄特点完成活动准备、活动过程和活动延伸的设计。根据两种特征进行排序，引导幼儿运用两种维度进行思考，可以创设一些游戏情景，引导幼儿在游戏、探索的过程中巩固分类知识。在完成设计后，结合排序活动设计评价表（见表4-14）进行自评和互评，并提出修改意见，完善设计。

表4-14　排序活动设计评价表

评价项目	评价内容	自评与他评
活动目标	1．目标围绕幼儿排序能力的培养进行设计 2．目标涉及知识、技能、情感三个方面 3．表述正确，目标有较强的可操作性	☆☆☆☆☆
活动准备	1．活动准备包括经验准备和物质准备两个部分 2．环境、材料要适宜，在最大程度上支持和满足幼儿的学习、探索	☆☆☆☆☆
活动过程	1．活动过程设计包括导入环节、主体部分和结束部分 2．设计结构严谨，层次清楚，环节衔接流畅 3．过程设计详细，体现教与学，并为各个环节设置关键引导语	☆☆☆☆☆
活动延伸	1．延伸活动可以对课堂教学内容进行广度或深度上的拓展 2．活动延伸符合幼儿的兴趣需要	☆☆☆☆☆

模拟教学

在进行模拟教学前，结合幼儿园教学的实际工作要求，创设适合的情景，准备好场地、教具、学材等。通过录制视频、文字记录等方式，真实记录教学过程。结合排序活动组织评价表（见表4-15），针对模拟教学中存在问题进行修正，提升教学组织能力。

表4-15　排序活动组织评价表

评 价 项 目	评 价 内 容	自评与他评
活动准备	1．材料在最大程度上支持和满足幼儿的学习、探索、操作的需要 2．环境创设符合教学内容	☆☆☆☆☆
情景导入	1．激发幼儿对排序活动兴趣 2．明确排序的任务	☆☆☆☆☆
主体部分	1．教态亲切、自然，语言简练规范、生动、富有感染力，易于幼儿理解 2．活动组织有序、层次清晰、重点突出，节奏张弛有度，时间安排合理 3．注重幼儿自主探究和发现，重点难点在教学中要有所体现 4．注意观察幼儿的行为，能够对幼儿进行针对性指导	☆☆☆☆☆
结束部分	方法有趣，引导幼儿回顾本节课的重点，同时也要激发幼儿继续学习的兴趣，组织恰当的延伸活动	☆☆☆☆☆

拓展任务

拓展任务：小班数学活动“交替排序”

小班幼儿已对一一对应排序、按物体大小排序等排序活动有了一定的经验基础，在平时的生活中，也在无形中接触过两种物品（颜色）有规律地交替排序现象，如小彩旗、串珠等。不过幼儿还不会自主地确定一组规律并按此规律进行交替排序。请设计一次小班排序活动，引导幼儿学会两种物品（颜色）交替排序。

案例分享

【案例4-5】　排序活动设计

活动名称	去寻宝　大班　数学活动
活动目标	1．发现事物的多种排列规律，感知规律美 2．乐于欣赏生活中的规律美，并能用排序规律解决问题
活动准备	1．经验准备：已感知过ABB、AAB等排列规律 2．物质准备：PPT课件、密码条、彩笔等

（续）

活动过程	（一）幼儿分享交流生活中的规律美 师：上次课我们学习了生活中的规律，发现了规律美，小朋友们，还记得生活中的哪些事物是有规律美的吗？ （二）创设城堡救公主的情景，感知各种规律 1．教师出示城堡图片，创设情景 师：美丽的公主因为魔女的诅咒只能待在城堡里，公主让自己心爱的鸽子传来一封信，信里说，要打破魔法，需要小朋友运用学过的规律知识。你们愿意接受挑战吗？ 2．结合图片请幼儿观察并复习ABB、AAB等规律 师：从这个图片里大家看到了什么？这是城堡的大门，要打开第一扇大门，需要小朋友发现其中的规律 3．发现新的规律，并尝试用新规律解决问题 师：城堡有一个密室，打开密室的钥匙就在城堡里的两幅有特殊规律的图案里，请小朋友找一找 4．开展游戏“密室寻路”，再次感知新规律 （1）教师出示各种地图，引导幼儿寻找含有正确规律的线路，最终找到公主房间 师：要到达公主的房间，就要通过密室里的地道，只有一条地道是正确的，其他的都是危险的道路，我们一起来找找 （2）幼儿交流成功路线 师：经过小朋友的努力，终于救出了公主，谁来说说你是怎么找到的？ （三）设计新的规律 1．教师请幼儿设计一个有规律的密码条，保护公主 师：为了防止魔女再次伤害公主，我们一起来设计一个有规律的密码条，把魔女锁在家里。密码条要有规律，但是不能太简单，最好是魔女没有见过的规律哦 2．鼓励幼儿大胆进行展示 师：大家来介绍一下你们的密码条吧! 结束活动：播放音乐，结束活动
活动延伸	在按颜色分类时，可以逐步增加干扰因素，加深解决问题的难度。如要求将不同大小、形状、种类的物品按颜色标记进行分类

任务六　10以内基数和序数活动的设计与组织——中班数学活动“认识5以内的序数”

【学习目标】

1．了解幼儿园10以内基数、序数活动的教育目标。

2．了解幼儿园10以内基数、序数教育内容和教育方法。

3．初步掌握幼儿园10以内基数、序数活动设计的基本结构、组织方法、注意要点。

案例情景

中班燕子老师发现，虽然序数在日常生活中随处可见，如组织幼儿排队或游戏时都会用到序数，可幼儿对序数的概念比较模糊，运用起来也容易出现一些错误。为此，燕子老师以《纲要》理念为指导，让孩子“从生活和游戏中感受事物的数量关系并体验到数学的重要和有趣”，并以中班幼儿的年龄特点为依据，设计“认识5以内的序数”活动，请大家一起帮忙设计。

提出任务

请你依据以上情景，结合序数活动的设计要求，完成中班“认识5以内的序数”活动的设计，并进行模拟教学，帮助幼儿感知5个以内物体的排序，体验序数在生活中的运用。

学习新知

一、基数和序数活动的意义

每个自然数都可以表示两种含义，一种是基数含义，一种是序数含义。10以内基数和序数的学习是幼儿数概念学习的基础。学习基数和序数可以帮助幼儿感知和理解数的实际意义，学会认数、识数、计数等，同时也是幼儿学习数学的基础。

二、基数和序数活动的内容及方法

（一）基数教育活动的内容

1．识数

教师可以利用儿歌、图片、生活中的数字标识等引导幼儿认识数字。利用生活中的场景，引导幼儿理解数的意义，比如温度计上的数字表示温度、钟表上的数字表示时间、日历上的数字表示年月日等，引导幼儿感知数的实际意义。

2．点数

按物点数指幼儿点数物体的数量并说出物体的总数。各年龄班幼儿点数教育的目标如下：

（1）小班：学习手口一致地点数，教师要做好示范，教幼儿用右手食指按照顺序，点一个物体说一个数字，然后用手指围绕所数过的物体画一个圈，说出总数。

（2）中班：眼睛点数，教师引导幼儿不用手指而用眼睛看着物体点数，或者可以用点头的方式代替手指点数。

（3）大班：默数，教师引导幼儿眼睛看着物体的同时心里默默点数，并说出总数。

在幼儿学会点数的基础上，教师要引导幼儿感知数量的守恒定律，即数量不会因为排列、物体等变化而增减。比如十只羊不管去哪里、如何排列，数量还是十只。

3．计数

在学会点数的同时，教师还要引导幼儿学习计数，数出10以内的自然数。在每日的生活中、游戏活动中鼓励幼儿运用多种感官，如听觉、视觉、触觉、运动觉等来感知物体的数量，比如边上楼梯边数台阶、边双脚跳边数数、边听声音边数声音发生的次数等。计数可以帮助幼儿感受数字的实际意义。

4．相邻数“多1少1”

引导幼儿了解两个相邻的数“多1和少1”的关系，帮助幼儿理解数的形成，如一个数加上1或减少1会成为一个新的数。小班教师可以引导幼儿尝试用加上1或减少1的方法使5个以内的两组相邻数物体变得一样多。

5．按物取数，按数取物

按物取数是指教师出示一定数量的物体，要求幼儿取出相应的数字。按数取物是指教师说出（出示）数字，要求幼儿取出相应数量的物体。该类活动可以帮助幼儿建立起实物与数字之间的联系。

6．倒数和接数

倒数有助于幼儿逆向思维的发展，教师可以利用生活中的情境，如放置东西、排队等引导幼儿进行倒数。接数指的是从10以内任何一个数开始，幼儿接龙顺数或倒数。教师可以利用生活情景，如排队报数，引导幼儿每个人说一个数。倒数和接数可以帮助幼儿了解自然数的排列顺序及其大小关系。

（二）序数教育活动的内容

序数是用自然数表示集合中元素次序的数。序数的学习教育应该安排在学习完10以内基数的基础上，在中班开展。幼儿需要理解序数的含义，确定序数的方向，能够用序数描述排列次序或位置。教师可以借助图片、教具等直观的方式引导幼儿感知序数在生活中的运用。

三、基数和序数活动的设计步骤及要求

（一）活动目标

活动目标的制定要围绕小、中、大班幼儿的数概念的发展目标（表4-16），以及幼儿的兴趣和发展需要来设计。

表4-16　基数和序数活动发展目标

年龄段	目标
小班	1．能通过一一对应的方法比较两组物体的多少 2．能手口一致地点数5个以内的物体，并能说出总数，能按数取物 3．能用数词描述事物或动作，如“我有4本图书”
中班	1．在指导下感知和体会有哪些事物可以用数来描述，对环境中各种数字的含义有进一步探究的兴趣 2．能通过数数比较两组物体的多少 3．能通过实际操作理解数与数之间的关系，如5比4多1 4．会用数词描述事物的顺序和位置
大班	1．能用简单的图表表示简单的数量关系 2．能发现生活中许多问题都可以用数学的方法来解决，体验解决问题的乐趣

想一想

根据中班幼儿的学习特点确定本次活动的目标以及重点和难点。

（二）活动准备

活动准备一般包括经验准备和物质准备两部分内容。经验准备是指幼儿在参与本次活动之前已经掌握的相关知识或具备的经验；物质准备是指完成本次活动所需要准备的教具、学材、环境创设等。

（三）活动过程

教师根据不同的教育目标，结合幼儿特点，可以设计不同的教学活动。以下提供几种可以借鉴的活动过程的设计。

1. 相邻数“多1少1”

引导幼儿了解相邻的两个数多1和少1的关系，活动过程设计如下：

（1）情景导入，感知多1和少1的关系。（见名师分享4-12）

【名师分享4-12】

环节一：创设大象运输队的情境，感知相邻数的关系。

师：大家好，我是大象运输队的队长琪琪，我们队里的大象力气大，今天我们要完成一项运木头的任务。

图5

师：大家看一看图中有多少根木头？有多少头大象？大象多还是木头多啊？大象比木头多多少？木头比大象少多少？

（2）巩固对多1和少1关系的认识。（见名师分享4-13）

【名师分享4-13】

环节二：创设小白兔运输队的情景，感知相邻数的关系。

师：大家好，我是小白兔运输队的队长跳跳，今天我们要完成一项运萝卜的任务。

师：大家看一看图中有多少框萝卜？有多少只小白兔？哪个多哪个少？多了多少，少了多少？

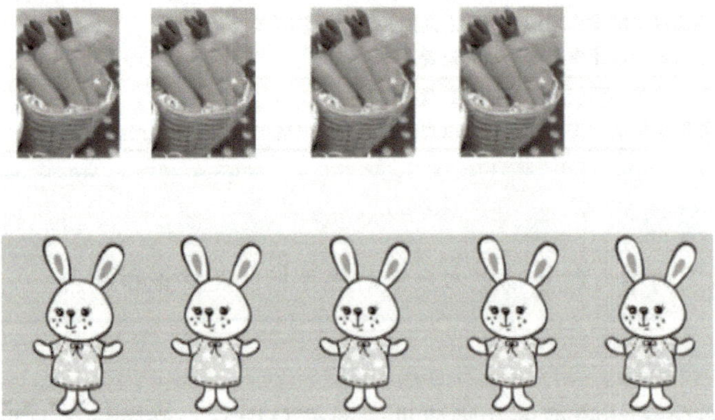

图6

小结：我们知道5比4多1，4比5小1。

（3）运用加1或减1的方法解决问题。教师创设情景，引导幼儿感受相邻两个数通过加1或减1可以变成一样多。（见名师分享4-14）

【名师分享4-14】

环节三：运用加1或减1的方法解决问题。

师：农民伯伯为了感谢大象和小白兔，决定送给他们一些礼物。

师：大家看一看农民伯伯给了小白兔几个礼物啊？给大象几个礼物啊？农民伯伯想让他们的礼物一样多，有什么办法吗？

图7

2. 相邻数活动过程设计

教师在设计相邻数活动时，要关注幼儿的兴趣，借助直观的教具、学材等引导幼儿在操作中学习。

（1）创设情景，认识相邻数。（见名师分享4-15）

【名师分享4-15】

环节一：出示图片，引导幼儿认识相邻数。

1. 教师出示小猪、小羊、小牛的房子，请小朋友观察。

师：老师知道，小朋友家里都有邻居，我们看看小动物的邻居都是谁好不好。

师：小羊的邻居是小猪和小牛，因为他们都紧紧挨着小羊。

2. 出示“1、2、3”“3、4、5”的数字图片，请幼儿找找每个数字的邻居。

师：我们看看每个数字的邻居是谁。

师：数字的邻居，我们叫作相邻数，如1和3是2的相邻数，3和5是4的相邻数。

（2）结合情景，引导幼儿熟悉相邻数。（见名师分享4-16）

【名师分享4-16】

环节二：蒲公英找家，熟悉相邻数。

出示带有数字的蒲公英图片和带有数字的各个场景，请幼儿找相邻数。

师：“小伞兵”们离开了妈妈，要找个可供自己扎根的地方。妈妈告诉他们，只能找有自己的相邻数的地方，小朋友帮帮蒲公英吧！

（3）运用相邻数解决问题。教师可以设计游戏引导幼儿运用相邻数来解决问题，如每个幼儿都有一个数字，信号发出后，只能找自己相邻的数字做好朋友，教师出示的数字可以由简单的相邻三个数开始，再逐渐增加难度引导幼儿感知10以内的数字。

3. 序数活动过程设计

幼儿园序数活动的设计要注意活动的趣味性和游戏性，引导幼儿在操作、感受中理解序数，能够运用序数描述事物的位置。

（1）设置导入环节，激发幼儿探索的兴趣（感知序列）。（见名师分享4-17）

【名师分享4-17】

环节一：创设小动物坐火车的游戏情景，导入活动。

师：今天有好几个小动物要坐火车回家，小朋友们看（跟随火车开动的音乐，出示火车图片），火车有几节车厢呢？请小朋友到前面来点数。

师：现在请小朋友们一起从前往后数（幼儿用点数的方法确定火车节数），小动物要坐车回家，每人坐一个车厢，你们猜猜他们要怎么坐？

（2）结合生活（游戏）中的情景，引导幼儿理解序数。（见名师分享4-18）

【名师分享4-18】

环节二：图片导入，理解序数

1. 引导幼儿理解数字含义。

师：小朋友们看，火车身上有许多数字宝宝，都有谁呢？（1、2、3、4、5）老师告诉小朋友，这里的“1”代表的是第一节车厢，那数字2呢？谁能像老师这样说出来？（同样提问3、4、5）

2. 出示动物图片，进一步让幼儿理解序数。

师：都有哪几个小动物要坐火车回家呢？火车就要开了，它们却不知道自己该上哪节车厢，我们来帮帮它们好吗？

师：青蛙的身上有数字几？它应该上第几节车厢呢？（请幼儿操作）

师：小青蛙的身上有数字1，它应该上第一节车厢。用同样的方法依次送小猪、小熊、小猫上火车吧。（请幼儿说出送的是谁，上的第几号车厢）（音乐起火车开动，收好图片）小动物在小朋友们的帮助下都坐上了火车。

（3）运用游戏、竞猜等活动方式巩固序数知识。该环节，教师设计游戏、比赛等引导幼儿运用序数来描述事物或现象。可以设计多个游戏，层层递进，引导幼儿能够按照序数找到位置，能够根据位置说出序数；也可以引导幼儿了解方向不同，序数就不同，说序数的时候要先说明方向等。（见名师分享4-19）

【名师分享4-19】

环节三：开展“小动物住哪里”游戏，引导幼儿学习序数的运用。

1. 出示房子挂图，请幼儿数一数，确定房子的层数，引导幼儿从下到上贴数字卡。

师：小动物回到了自己的家里，看看它们住的房子在第几层呢？（第一层、第二层、第三层、第四层、第五层）谁能来用数字表示第几层？

2．请幼儿随意打开窗户，说出××小动物住在第几层楼。

师：每层楼都住着谁呢？老师将要打开第几层窗户？（第五层）第五层里面住着谁呢？（小青蛙）小青蛙住在第几层呢？（第五层）

3．请小朋友开火车，再邀请小动物下楼来一起玩。

师：我们请一位小朋友做火车头，请五位小朋友自选车厢站好，再请小动物下楼来玩好吗？我们先到第几层楼请谁？（一起喊第五层的小青蛙下楼）我们再分别请出其他四个小动物好不好？

4．教师将小动物排成一排，请幼儿从前往后数数并说出谁排第一、谁排第二等；再从后往前数，并说出各个小动物排第几。

小结：序数是有方向的，同一个小动物从不同的方向数排的位置不一样。

（4）结束活动。教师可以对本次活动进行总结，可以设计情景激发幼儿继续学习的兴趣，也可以利用游戏等方式结束活动。

想一想

根据上面提到的方法和设计步骤，通过合作完成“认识5以内的序数”活动的设计思路。

（四）活动延伸

数概念的学习不能仅仅依靠集体教学，在区角活动、生活活动中，教师要潜移默化地渗透数概念教育。

活动设计

教师根据幼儿的年龄特点和对序数的基本认识来设计本次序数活动。要求教师在设计的时候尽可能的运用游戏、操作等方式，引导幼儿在愉快的氛围中学习序数。完成设计以后，结合基数和序数活动设计评价表（见表4-17）进行自评和互评，并根据评价结果完善活动设计。

表4-17　基数和序数活动设计评价表

评价项目	评价内容	自评与他评
活动目标	1．活动目标围绕幼儿序数学习的年龄特点设计 2．目标表述准确	☆☆☆☆☆
活动准备	1．活动准备包括经验准备和物质准备两个部分 2．环境、材料要适宜，在最大程度上支持和满足幼儿的学习和探索	☆☆☆☆☆
活动过程	1．活动过程要突出重难点 2．活动过程能够激发幼儿兴趣，使其在游戏和操作中学习序数 3．设计结构严谨，层次清楚，环节衔接流畅 4．过程设计详细，体现教与学，并为各个环节设置关键引导语	☆☆☆☆☆
活动延伸	1．延伸活动可以对课堂教学内容进行广度或深度上的拓展 2．活动延伸符合幼儿的兴趣需要	☆☆☆☆☆

模拟教学

在进行模拟教学前，结合幼儿园教学的实际工作要求，创设适合的情景，准备好场地、教具、学材等。活动过程中教师要引导幼儿了解什么是序数，并能够用序数描述生活中的一些场景。通过录制视频、文字记录等方式，真实记录教学过程。结合基数和序数活动组织评价表（见表4-18），针对模拟教学中存在问题进行修正，提升教学组织能力。

表4-18　基数和序数活动组织评价表

评 价 项 目	评 价 内 容	自评与他评
活动准备	1. 材料在最大程度上支持和满足幼儿学习、探索、操作的需要 2. 环境创设符合教学内容	☆☆☆☆☆
情景导入	1. 激发幼儿对序数学习的兴趣 2. 清楚准确地描述出任务	☆☆☆☆☆
主体部分	1. 教态亲切、自然，语言简练、规范、生动、富有感染力、易于幼儿理解 2. 活动组织有序、层次清晰、重点突出，节奏张弛有度，时间安排合理 3. 能够实现预设活动目标，引导幼儿理解序数、运用序数 4. 注重师幼互动，关注不同能力幼儿并重点给予指导	☆☆☆☆☆
结束部分	自然流畅，能够帮助幼儿了解本次活动所需掌握的知识，同时激发幼儿继续学习、继续探索的兴趣	☆☆☆☆☆

拓展任务

拓展任务一：小班数学活动“1和许多”

设计数学活动“1和许多”，引导小班幼儿了解“1和许多”，并且能够用“1和许多”对身边的事物进行描述。

拓展任务二：大班数学活动“数的守恒”

设计数学活动“数的守恒”，引导大班幼儿了解不管物体的大小、形状、排列有何不同，数量都是相同的。

案例分享

【案例4-6】 基数活动设计

活动名称	相邻数　大班　数学活动
活动目标	1. 通过游戏认识6、7、8、9的相邻数 2. 感知相邻数的意义，喜欢利用相邻数的关系参与游戏
活动准备	幼儿每人一套1～10的数字卡片，歌曲《找朋友》，玩具花片若干
活动过程	（一）口头游戏：复习1～5的相邻数 教师和幼儿一问一答，巩固相邻数多1和少1的关系 师：小朋友们，2的相邻数是几和几？比2多1的数是几？

（续）

活动过程	（二）摆一摆 教师用玩具花片摆出6的排列图，幼儿则摆出比它多1和少1的两组花片并分别用数字卡片5和7表示出来 小结：比6少1是5，比6多1是7，6的相邻数是5和7。用同样的方法分别找出7、8、9的相邻数 （三）找一找 请幼儿将手中的数字卡片按顺序摆好，然后找一找6、7、8、9的相邻数 小结：6的相邻数是5和7，7的相邻数是6和8，8的相邻数是7和9，9的相邻数是8和10 （四）游戏："找朋友" 1．每个幼儿选择一张数字卡片后围成一个圆圈，每次请出几名幼儿，在音乐《找朋友》的伴奏下，找到自己所持数字的相邻数 2．为数字宝宝找朋友：教师出示一张数字卡片，请小朋友举起这个数的相邻数数字卡片 3．找多1或少1：教师出示一张数字卡片，请小朋友举起比这个数多1的数字卡片；老师出示一张数字卡片，请小朋友举起比这个数少1的数字卡片
活动延伸	在探索区引导幼儿开展摆物体活动，根据已给出的物体数量，摆出比这个物体多1和少1的物体，并说出是几个物体

【案例4-7】 10以内的序数活动设计

活动名称	认识10以内的序数　大班　数学活动
活动目标	1．认识10以内的序数，学习从不同的方向辨别物体在序列中的位置 2．学会用序数词"第几"准确地表示物体在序列中的位置 3．学习用数学的方法解决生活中的问题
活动准备	10种小动物图片、楼房、火车、箭头、音乐《火车开起来》、其他活动材料等
活动过程	（一）创设小动物搬家情景，激发幼儿兴趣 教师出示10种小动物和小火车的图片 师：好消息，森林里的小动物们要搬新家啦，它们准备坐火车出发。瞧，火车来了，大家来数一数有几个座位？有几个小动物？想想怎么安排小动物坐车 （二）给小动物安排座位，引出序数 1．引导幼儿数车厢，明确数数的方向 师：火车来啦！数一数有几节车厢？（10节）你们是怎样数的？（从左向右）（利用箭头指示数数的方向） 2．出示部分动物坐车图，引导幼儿运用序数描述小动物的具体位置 师：小动物们要上火车了，我们来看一看它们坐在第几节车厢（火车上已经有一部分小动物找到了自己的车厢） 师：小老虎坐第几节车厢？你是从哪里开始数的？那小老虎坐第一节车厢，应该用数字几来表示呢？（数字1） 3．教师依次提问：谁坐第几节车厢，用数字几表示，并把数字放在车厢的下面 4．根据序数找位置 师：有的小动物找不到自己的车厢，我们请几个小朋友来帮忙吧！（教师说出要寻找的车厢位置，让幼儿在10以内的序数中寻找并用相应数字表示） 小结：像这种按顺序排列的数就称为序数 （三）再次安排小动物坐车，引导幼儿感知序数 师：还有一些东西没有搬来，小动物们调转车头回去装东西，看看小动物们都坐第几节车厢 小结：序数是有方向的，方向发生改变，序数也会改变 （四）创设搬新家的情景，引导幼儿灵活运用序数描述位置 师：看，我们开着火车，来到了小动物们的新家。看图片上的楼房有几个单元？有几层？你是怎样数的？每层有几个房间？你是怎样数的？ 师：刚来到新家，小动物们想知道自己的门牌号，小朋友们来帮帮忙，用"第几单元、第几层、第几间"的表达形式帮小动物们设计门牌号 （五）送小动物回家，巩固幼儿对序数的认识 师：小动物们对自己的门牌号还不是很熟悉，小朋友们需要把小动物们送回自己的家里。老师说门牌号，小朋友们帮小动物将门牌号粘贴到新家里 师：我们也开着火车出去玩耍吧！轰隆隆、轰隆隆、轰隆隆隆隆……我来问你来答，我后面第二个小朋友是谁，喊出他的名字；我前面第一个小朋友是谁，请他跳一跳。反复几次，结束活动 （六）结束活动：在开火车的音乐中，幼儿和教师一起离开活动室
活动延伸	活动后，将材料投放到益智区，引导幼儿继续学习10以内的序数

任务七　数的分解组合与加减法活动的设计与组织——大班数学活动“6的分解与组合”

【学习目标】

1．了解幼儿园数的分解组合与加减法活动的教育目标。

2．掌握幼儿园数的分解组合与加减法活动的设计要求。

3．能够进行模拟教学并提出针对性的评价意见。

案例情景

大一班的小朋友已经要为进入小学做准备了，为了让幼儿更好地适应小学的学习环境，需要在教学形式和教学内容上做好幼小衔接。在幼小衔接的活动中，教师需要设计一次“6的分解与组合”活动，为幼儿将来学习加减法打下基础。请帮助大班教师来设计本次的教学活动。

提出任务

请依据数学活动的设计要求，完成大班数学活动“6的分解与组合”的活动设计并进行模拟教学。要求活动设计体现幼儿年龄特点，符合幼儿兴趣需要，能够提升幼儿数的分解和组合能力，并愿意亲自动手操作，逐步养成良好的感知事物数量关系的习惯。

学习新知

一、数的分解组合与加减法活动的意义

幼儿学习数的分解组合有利于帮助其理解整体与部分、部分与部分之间的关系，为学习加减法打基础。幼儿园时期数学学习与小学的数学学习不同，教师应该更加注重引导幼儿了解生活中数的分解组合与加减法的运用，引导幼儿在操作中感知加减法的实际意义，更加关注幼儿数学学习的兴趣，而并不强调幼儿能运用抽象的数学符号进行运算。

二、数的分解组合与加减法活动的设计步骤及要求

（一）活动目标

在活动目标设计中，既要考虑不同年龄阶段幼儿的特点和发展目标（见表4-19），还要考虑幼儿的兴趣需要。

表4-19　数的分解组合与加减法活动发展目标

年龄班	目标
中班	能通过实际操作理解数与数之间的关系，如5比4多1，2和3合在一起是5
大班	1. 能借助实际情景和操作（如合并或拿取）理解加和减的实际意义 2. 能通过实物操作或其他方法进行10以内的加减法运算

目标设计要求：目标的表述角度统一，从知识、技能、情感三方面设计目标，目标可行、科学、重难点突出。

想一想

根据幼儿特点及大班教育目标，确定“6的分解与组合”活动的方案设计，并确定重点和难点。

（二）活动准备

活动准备一般包括经验准备和物质准备两部分内容。

1. 经验准备

经验准备是指幼儿在参与本次活动前已经具备的相关知识和经验。比如幼儿在学习6的分解与组合之前，已经学习了5的分解与组合，而积累了一定的学习经验。

2. 物质准备

物质准备是指完成本次活动需要准备的教具、学材、环境创设等。注重为幼儿创造宽松、愉悦地氛围，提供丰富的学具供幼儿选择，从而激发幼儿的操作兴趣，建立对数的分解与组合的认识，为帮助幼儿之后学习加减法运算奠定基础。

（三）活动过程

1. 数的分解组合

活动过程的设计是一个完成教育任务、实现教学目标的过程，教师可以通过创设情景、设计游戏等幼儿喜欢的方式，激发幼儿学习数学的兴趣，引导幼儿感知数的分解与组合。

（1）创设情景，激发幼儿兴趣。教师运用游戏、问题、故事等多种形式创设有趣、生动、丰富的学习情景，激发幼儿学习数的分解与组合的兴趣。（见名师分享4-20）

【名师分享4-20】

环节一：出示小白兔和萝卜图片，激发幼儿的兴趣。

师：今天老师请来了兔妹妹，兔妹妹今天有一个问题想考考咱们班的小朋友。她今天买了6个胡萝卜，有两个小篮子，小白兔想把萝卜放到这两个篮子里。小朋友想一想，如果你是小白兔，你有几种办法？每个小朋友都要帮小白兔想办法哦。

（2）分合操作，记录结果。在该环节，教师可以为幼儿提供合适的材料，说明要求后引导幼儿动手操作，并把操作结果用数字和分合符号进行记录（如幼儿不会写数字，可以用粘贴数字卡片代替）。教师可以请幼儿将自己的操作结果告诉大家，也可以把幼儿的记录结果呈现在黑板上，与幼儿一起进行评价总结。教师要结合幼儿的操作情况，示范正确的记录方法，然后再次请幼儿练习。（见名师分享4-21）

【名师分享4-21】

环节二：幼儿进行分和操作，并尝试记录结果。

1．教师引导幼儿分萝卜。

师：请小朋友上来，帮小兔子分一分萝卜，尽量和别人分的不一样。

小结：原来把6个萝卜放在两个篮子里有这么多不同的分法，小朋友们都很善于动脑筋。

2．教师介绍记录方法。

师：现在我们要把刚才的分法记录下来，然后告诉兔妹妹。（教师边讲解边示范）6个萝卜用数字“6”表示，我们用一个分解号“∧”来记录结果，比如第一个篮子放2个，第二子篮子放4个，我们就用 6 来表示。
/ \
2 4

3．幼儿尝试分萝卜并记录结果。

教师给每个幼儿发6个萝卜、两个篮子、数字卡片、纸和胶棒，请幼儿尝试不同的分法并记录结果。

4．师幼交流结果。

教师请幼儿交流自己不同的分法，引导幼儿了解数字6的分解。

5．教师示范正确的方法，引导幼儿再次练习。

（3）探索规律。在幼儿了解了数字分解的基础上，教师可以引导幼儿发现其中的规律，为以后的学习奠定基础，逐步帮助幼儿建立一定的抽象思维。（见名师分享4-22）

【名师分享4-22】

环节三：引导幼儿探索数的分解与组合的规律。

1．观察幼儿无序的分法，引导幼儿有序进行6的分解。

师：我们现在把这两列数字有规律的排列一下，（带领幼儿一起有序排列数字）这样小朋友们以后在分解数字的时候会又快又准。

2．幼儿观察6的有序分解，了解数的递增、递减规律。

师：小朋友自己观察，这两边的数有什么规律呢？你发现了什么？

小结：左边篮子是1、2、3、4、5，右边篮子是5、4、3、2、1，左边的数越来越大，右边的数就会越来越小。

3．了解分解后的两个数的互换关系。

师：小朋友你们找找，有没有一样的数字，它们有什么不同？

小结：1、5和5、1一样，2、4和4、2一样，只不过互换了位置，我们称之为互换关系。

4．了解分解后的两个数的互补关系。

师：我们给左边加上一个数，右边就要减去一个数，合起来还是6，我们把这种一边加1，另一边就要减1的关系叫作互补关系。

（4）结束活动。在该环节，教师可以总结本节课的重点内容，也可以延伸出新的探索活动。

2. 学习自编应用题

引导幼儿学习自编应用题有助于幼儿理解生活中的简单数量关系。幼儿学习自编应用题的重点是掌握应用题的结构，难点是如何根据两个条件提出一个问题。设计和组织这一类活动可以按下列步骤进行：

（1）导入活动，激发兴趣。教师设计导入活动，通过游戏、创设情景、故事、儿歌、谜语、实物教具等导入主题。

（2）教师描述题目，引导幼儿了解应用题的结构。在该环节，教师通过语言描述题目，引导幼儿了解应用题由三个部分组成。同时可以引导幼儿反复套用这一句式结构来说说自己或同伴在生活、游戏、劳动等活动中的事情，让幼儿充分了解应用题的基本结构。（见名师分享4-23）

【名师分享4-23】

1. 教师展示图片并引导幼儿观察图片，同时描述问题，引导幼儿感知问题结果。

师：小朋友们看，树上飞来了几只鸟啊？又飞来几只？小朋友们数一数！那么现在树上一共有多少只鸟？

2. 请幼儿按题目结构学说句子，了解应用题的基本结构。

师：小朋友你们能用“有几个，又来了几个，一共有多少”这种句式，说说自己的事情吗？

（3）教师示范如何提问，引导幼儿比较陈述句和疑问句的区别。（见名师分享4-24）

【名师分享4-24】

1. 引导幼儿区分陈述句和疑问句。

师：树上有一只鸟，又飞来两只，一共有几只？“一共有三只”和“一共有几只”有什么不同？

小结：一个是告诉了我们答案，另一个是提出了一个问题。

2. 教师展示图片，引导幼儿练习提问。

师：马路上有几辆汽车？又开来几辆？我们可以提一个什么样的问题？

（4）采用各种方式让幼儿练习编题。教师在引导幼儿练习编题的时候，要考虑幼儿思维的形象性和直观性，常见的方式有以下几种：幼儿模仿编题、幼儿补充编题、根据教师的演示编题、看图编题、根据教师提供的算式或数字编题、自由编题等。

（四）活动延伸

教师可以将本次活动延伸到下一个活动、区域活动、家庭和社会活动中去，引导幼儿在生活中感知数的分解组合。比如教师可以把数字“6”的组合式展示在活动区里，鼓励幼儿积极主动地用数字表示加减。

活动设计

根据案例情景、任务以及学习新知，尝试完成本次活动设计任务。围绕教学目标、幼儿兴趣和年龄特点完成活动准备、活动过程和活动延伸的设计。在6的分解与组合活动的设计中，教师应该注意创设有趣的情景，最好与生活密切联系。引导幼儿在探索中发现数的分解组合及其规律。同时，教师要选择合适的教学方法，切忌小学化。在完成设计以后，结合数的分解组合与加减法活动设计评价表（见表4-20）进行自评和互评，并提出修改意见，完善设计。

表4-20　数的分解组合与加减法活动设计评价表

评价项目	评价内容	自评与他评
活动目标	1. 目标围绕幼儿数的分解与组合能力的培养进行设计 2. 目标涉及知识、技能、情感三个方面 3. 表述正确，目标有较强的可操作性	☆☆☆☆☆
活动准备	1. 活动准备包括经验准备和物质准备两个部分 2. 环境、材料要适宜，在最大程度上支持和满足幼儿的学习、探索	☆☆☆☆☆
活动过程	1. 活动过程涵盖情景导入、分合操作、探索规律、结束部分等内容 2. 设计结构严谨，层次清楚，环节衔接流畅 3. 过程设计详细，体现教与学，并为各个环节设置关键引导语	☆☆☆☆☆
活动延伸	1. 延伸活动可以对课堂教学内容进行广度或深度上的拓展 2. 活动延伸符合幼儿的兴趣需要	☆☆☆☆☆

模拟教学

在进行模拟教学前，结合幼儿园教学的实际工作要求，创设适合的情景，准备好场地、教具、学材等。通过录制视频、文字记录等方式，真实记录教学过程。结合数的分解组合与加减法活动组织评价表（见表4-21），针对模拟教学中存在问题进行修正，提升教学组织能力。

表4-21　数的分解组合与加减法活动组织评价表

评价项目	评价内容	自评与他评
活动准备	1. 材料在最大程度上支持和满足幼儿学习、探索、操作的需要 2. 环境创设符合教学内容	☆☆☆☆☆
情景导入	1. 激发幼儿对数的分解组合活动的兴趣 2. 明确分和操作的任务	☆☆☆☆☆
主体部分	1. 教师语言生动有趣，引导幼儿积极尝试不同的分解组合方法 2. 注重和幼儿的互动，关注大多数幼儿 3. 过程层层递进，不断引导幼儿学习，完成重难点教学任务	☆☆☆☆☆
结束部分	1. 结合幼儿的特点和学习情况，进行总结 2. 激发幼儿继续学习和不断探索的兴趣	☆☆☆☆☆

拓展任务

拓展任务：大班数学活动“7的分解与组合”

大班幼儿在学习了数字2～6的分解后，知道数字该如何分解，但是对其内在的认识并不十分清楚；也存在个别学生不会对数字进行分解、不会动手操作的现象；还有的幼儿对数字分解活动不是很感兴趣。针对这种情况，请设计大班“7的分解与组合”活动。

案例分享

【案例4-8】 数的分解组合

活动名称	6的分解　大班　数学活动
活动目标	1．幼儿通过自主探索动手操作，感知6的分解组合，掌握6的五种分法 2．在感知数的分解组合的基础上，掌握数的递增、递减规律，互相交换规律 3．发展幼儿的观察力、分析力、记录能力，培养幼儿对数学的兴趣
活动准备	物质准备：两块黑板、两只动物头像、6的分解式、六块饼干、数字卡片、圆点卡片，幼儿每两人一个学具盒 经验准备：幼儿已经学过5的分解组合，对数的分解组合有初步的经验
活动过程	（一）以“两只动物分饼干”的话题导入活动 师：今天我们班来了两只小动物，看看它们是谁？它们要请我们班的小朋友帮忙分饼干，你们愿意吗？ （二）引导幼儿进行6的分解 师：六块饼干两只小动物应该怎样分？小动物们犯了愁，不知该怎样分、有几种分法。请小朋友们说一说 1．请幼儿帮助小动物分饼干 教师请幼儿观察自己的学具，说说学具里面有什么，并请幼儿两两合作将6块饼干分给两只小动物，每分一次将分的结果用数字卡片记录下来 2．请幼儿分别交流自己的分配结果 3．教师归纳幼儿的分法，总结出6的5种分法 （三）了解6的分解规律 1．观察幼儿无序的分法，引导幼儿有序进行“6”的分解 2．幼儿观察6的有序分解，了解数的递增、递减规律 师：小朋友自己观察，这两边的数有什么规律？你发现了什么？ 小结：左边篮子是1、2、3、4、5，右边篮子是5、4、3、2、1，左边的数越大，右边的数就会越来越小 （四）以游戏的形式来结束活动 开展游戏“找朋友”，幼儿每人挑选一个数字卡片（1～5）戴上，伴随“找朋友”的音乐找到和自己的数字和在一起是“6”的幼儿做朋友
活动延伸	教师将数字卡片和饼干等投放在科学角，引导幼儿继续学习

任务八　量的活动的设计与组织——大班数学活动“自然测量桌子”

【学习目标】

1．了解小、中、大班幼儿量的教育的目标。

2．掌握幼儿园量的活动类型和组织的方法。

3．掌握幼儿园量的活动设计步骤。

4．能够较完整地模拟幼儿园教学。

案例情景

学习完“小马过河”的故事后，大班幼儿对量的相对性已经有了初步的了解。今天早上，幼儿园的几个小朋友讨论起谁的个子高、谁的个子矮的问题，大家纷纷站到一起，开始比较。花花老师看到这一幕后，和小朋友进行交流：“除了相互比较，还有什么办法可以比较个子呢？”很快，小朋友们都想到了测量的方法，这些方法中有的可以比较出高低，有的却存在一些误差。以此为契机，花花老师想要设计一次测量活动，大家一起来帮忙吧。

提出任务

依据上述材料，请完成大班“自然测量桌子”的活动设计，并进行模拟教学。要求活动设计体现幼儿年龄特点，符合幼儿兴趣需要，加深幼儿对量的认识，引导幼儿运用和掌握测量的方法。

学习新知

一、幼儿学习量的一般过程

1．从明显差异到不明显差异

幼儿早期在量的认识上不细化和不精确，3～4岁幼儿往往只能感知和区分差异比较明显的量。随着年龄的增长，幼儿逐渐能够认识和区分差异不明显的物体。

2．从绝对到相对

幼儿早期对于物体量的认识是绝对的，没有相对的概念。随着年龄的增长，幼儿可以在对两个或更多个物体的比较中逐步理解量的相对性。

3．从不精确到精确

幼儿早期对量的认识是模糊和不精确的，不能很好地掌握和使用量词。随着年龄的增长，幼儿对量词的使用也越来越准确。

二、量的教育常见的教学内容

（一）量的比较方法

1．运用各种感官感知物体的量。幼儿对物体量的认识主要是通过各种感官来感知，因此，可以通过视觉、触摸觉、运动觉等多种方式引导幼儿感知和比较物体量的特性。教师应提供各种材料，让幼儿在充分的看、摸、听、玩的过程中进行感知和比较，认识物体的量。

2．运用重叠、并放法比较物体的量。重叠法是指把两个以上的物体重叠在一起进行比较；并放法是指把两个以上的物体并排对应放置在一起进行比较。选用重叠或并放的方法进行比较时，要根据物体材料和比较内容的不同选择合适的方法。

（二）量的守恒

量的守恒包括数量守恒、物质守恒、长度守恒、面积守恒、容积守恒和体积守恒等。量的守恒教育的目标即：幼儿不受外在形式、视觉判断等方面的干扰，能正确地感知到物体的量。

教师依据幼儿对各类守恒概念建立的顺序与特点安排教学内容，因此，在设计和组织教学活动时，教师必须对数学的概念有一个准确的梳理与把握，才能正确安排教学活动，帮助幼儿建立系统的知识结构。教师可以通过示范或提供适当的材料来引导幼儿了解物体的量不随位置、形象的变化而变化。如在“长度守恒”教学中，教师先出示两条不同颜色的绳子，通过重叠的方法引导幼儿比较两条绳子是否一样长；接着教师移动一条绳子到不同的位置，然后再比较两条绳子的长度是否有变化，进而引导幼儿理解长度守恒。

（三）自然测量

自然测量是指把一些自然物当作测量单位，通过不断重复摆放，以测得物体长度或面积等，通过重复的数量来描述被测量物的长度或面积等。幼儿在进行自然测量时，往往存在以下问题：

（1）重复摆放测量单位时，单位之间往往有空隙，或者单位之间有重叠，测量误差较大。

（2）测量没有从起点开始或没有在终点结束，不能准确测量出物体的长度。

（3）幼儿在描述物体的长度或面积时，往往偏重考虑测量单位的个数，忽略测量单位的长度或面积。比如测量两个同样长度的桌子时，用较长的筷子和用较短的笔测量后，桌子长度是5只筷子的长度，也是8只笔的长度，但幼儿会觉得8只笔比5只筷子长。

三、量的活动的设计步骤及要求

（一）活动目标

不同年龄阶段幼儿学习量的特点有所不同，所以量的活动的发展目标也不同（见表4-22）。

表4-22 量的活动的发展目标

年龄班	目标
小班	1. 能感知和区分物体的大小、多少、高矮等量方面的特点，并能用相应的量词进行描述 2. 能通过一一对应的方法比较两组物体的多少
中班	1. 学会区别和表达物体的粗细、高矮、厚薄等特征 2. 能按物体量的差异，对七个以内物体按照递增和递减的顺序进行排序
大班	初步理解量的相对性

想一想

根据幼儿大班量的教育目标，结合案例情景确定本次活动目标以及重点和难点。

（二）活动准备

活动准备一般包括经验准备和物质准备两部分内容。经验准备是指幼儿在参与本活动之前已经掌握的相关知识或具备的经验；物质准备是指教学所需的教具、学材、环境创设等。

（三）活动过程

认识量的活动应根据幼儿的特点，按照由易到难、由简单到复杂的原则进行过程设计。既要遵循数学知识学习的科学性，又要遵循幼儿认知能力发展的连续性和阶段性。

1. 创设情景，导入活动

创设一定的故事情景、游戏情景等，吸引幼儿的注意，激发幼儿的兴趣。（见名师分享4-25）

【名师分享4-25】

导入环节：情景导入，引起悬念

师：今天，森林幼儿园里的小动物要去郊游，他们决定开汽车去，因为小动物的身高体重都不同，汽车也有大有小，小朋友们能不能帮一帮小动物们，让他们坐上适合自己的车。

2. 幼儿自主探究，发现问题

该环节，教师可以引导幼儿自己尝试测量、比较，引导幼儿描述自己的发现和探索中存在的问题，引导幼儿自主探究问题的解决方法，进而引出测量的方法。

3. 提出测量要求

教师提出明确测量的要求，说明测量的具体方法，针对幼儿容易出错的地方进行针对性的指导。

4. 幼儿自主测量

教师提供测量的对象，引导幼儿运用和巩固测量的方法。测量完成后，鼓励幼儿积极交流分享，比较测量的结果，进而引导幼儿发现测量工具与测量结果之间的关系。

5. 结束活动

教师引导幼儿总结测量的方法，激发幼儿继续探索和学习的兴趣。

想一想

根据大班量的活动的发展目标，结合大班幼儿特点，完成活动过程思路设计。

（四）活动延伸

为了保持教学活动的完整性、连贯性，激发幼儿继续探索学习相关内容，教师可以将活动延伸到户外活动、区域活动、家庭或社会活动中。

活动设计

根据案例情景、任务以及学习新知，尝试完成本次活动设计任务。围绕教学目标、幼儿兴趣和年龄特点完成活动准备、活动过程和活动延伸的设计。根据量的特征，教师可以创设一些游戏情景，引导幼儿在游戏、探索的过程中巩固对量的认识。在完成设计以后，结合测量活动设计评价表（见表4-23）进行自评和互评，并提出修改意见，完善设计。

表4-23 测量活动设计评价表

评价项目	评价内容	自评与他评
活动目标	1. 目标围绕幼儿测量能力的培养进行设计 2. 目标涉及知识、技能、情感三个方面 3. 表述正确，目标有较强的可操作性	☆☆☆☆☆
活动准备	1. 活动准备包括经验准备和物质准备两个部分 2. 环境、材料要适宜，在最大程度上支持和满足幼儿的学习、探索	☆☆☆☆☆
活动过程	1. 活动过程设计包括情景导入、主体部分和结束部分 2. 设计结构严谨，层次清楚，环节衔接流畅 3. 过程设计详细，体现教与学，并为各个环节设置关键引导语	☆☆☆☆☆
活动延伸	1. 延伸活动可以对课堂教学内容进行广度或深度上的拓展 2. 活动延伸符合幼儿的兴趣需要	☆☆☆☆☆

模拟教学

在进行模拟教学前，结合幼儿园教学的实际工作要求，创设适合的情景，准备好场地、教具、学材等。通过录制视频、文字记录等方式，真实记录教学过程。结合测量活动组织评价表（见表4-24），针对模拟教学中存在问题进行修正，提升教学组织能力。

表4-24 测量活动组织评价表

评价项目	评价内容	自评与他评
活动准备	1．材料在最大程度上支持和满足幼儿的学习、探索、操作的需要 2．环境创设符合教学内容	☆☆☆☆☆
情景导入	1．激发幼儿对测量活动的兴趣 2．明确测量的任务	☆☆☆☆☆
主体部分	1．教态亲切、自然，能够调动幼儿的积极性 2．语言简练规范、生动、富有感染力，易于幼儿理解 3．善于观察幼儿测量中存在的问题，突出幼儿的主体地位，引导幼儿自主探究 4．活动组织有序、层次清晰、重点突出，节奏张弛有度，时间安排合理 5．能够实现预设的活动目标 6．教具使用科学有效	☆☆☆☆☆
结束部分	自然结束，能够帮助幼儿了解本次活动所需掌握的知识，同时激发幼儿继续学习的兴趣	☆☆☆☆☆

拓展任务

拓展任务：中班数学活动“量的差异排序”

中班量的教育的目的是让幼儿学会区别和表达物体的粗细、高矮、厚薄等特征，能按照物体量的差异，对七个以内的物体按照递增或递减的顺序进行排序。中班幼儿对身边的事物有着敏锐的观察力，也具备一定动手操作的能力。针对中班幼儿的年龄特点，请设计以量的排序为主题的活动。引导幼儿学会按照量的差异对量进行排序，能自己动手进行排序操作，体验量的排序活动的乐趣。

案例分享

【案例4-9】 测量活动设计

活动名称	测量我们的教室　大班　数学活动
活动目标	1．学习用自然物测量教室的大小 2．通过探索，知道测量结果与测量工具之间的关系 3．在合作学习的过程中，学会相互协商、共同解决困难
活动准备	1．幼儿已有初步的测量经验 2．一些测量工具、笔、记录纸
活动过程	（一）创设情景，提出问题 师：这段时间我们一直在认识我们的幼儿园、新班级和新朋友，还学会了统计教室里的许多东西，而且还量出了自己和同伴的身高。那你们知道我们的这个新班级有多大吗？怎样才能知道我们的教室有多大？ （二）师幼讨论，选择工具尝试测量 1．教师出示各种材料，请幼儿选择工具 师：用什么工具来测量呢？老师这里有一些常用的物品，小朋友们想一想，然后每个小组选择一种 2．师幼讨论，如何测量 师：小朋友，我们的教室是什么形状的？应该怎样测量？ （三）分组测量教室大小并记录 1．幼儿分组进行测量 幼儿自由结伴，分组讨论、协商选择什么物品作为测量工具，怎样测量，怎样记录等。教师巡回观察，了解幼儿测量的情况，适时地引导幼儿，解决小组间出现的矛盾

（续）

活动过程	2．幼儿分享交流测量和记录结果 （四）探究测量工具与结果的关系 1．再次测量：引导幼儿选用不同的工具、不同的方法再次测量，并将结果记录在记录纸的下方 2．交流总结：不同测量工具测出的结果是不同的 （五）问题延伸 师：下次我们再用这些工具去量一量幼儿园的其他教室，比一比哪个教室大，好吗？
活动延伸	教师将一些测量工具投放在科学角，请幼儿利用工具和记录表测量教室里的其他物品

任务九　感知形状与空间方位活动的设计与组织——大班科学活动“左边右边”

【学习目标】

1．理解感知形状和空间方位活动的目标和内容。

2．掌握感知形状和空间方位活动设计和组织的要求。

3．能够较完整地模拟幼儿园形状与空间教学活动。

案例情景

大班幼儿在生活、游戏中已经具备一些“左右”的概念，花花老师观察到，班里有些幼儿可以区分左右，但多数幼儿对“左右”的概念还比较模糊，不能正确区分。为此，花花老师准备设计一次“左边右边”的活动。

提出任务

根据大班幼儿的年龄特点及发展目标，完成大班科学活动“左边右边”的活动设计，并进行模拟教学，要求活动设计符合幼儿的兴趣和需要。

学习新知

一、幼儿对几何图形认知的特点

幼儿学习和认知几何图形开始于识别几何图形、掌握图形名称。幼儿几何思维的发展经历了一个由简单到复杂、由具体到抽象的过程。学前幼儿的几何思维能力主要体现在图形的辨认与比较、图形的组合与拆分等方面，具体包括以下几点：

（1）幼儿先感知几何图形的外部特征，将名称与图形特征匹配，然后才能说出图形名称。幼儿认识几何图形的关键是掌握图形的名称。

(2) 幼儿最初认为几何图形就像玩具或其他物体一样；之后在成人的影响下，幼儿对图形的知觉逐步提升，不再认为几何图形就是具体的实物；最后，幼儿会把几何图形作为区别实物形状的标准。

(3) 幼儿了解平面图形的基本特征，特别是图形中角和边的数量及其关系。按照角和边的数量，幼儿可以将不同的平面图形区分开来。如正方形的基本特征是4个角、4条边，且4条边一样长。

(4) 幼儿理解平面图形之间拆分、等分的简单关系，如正方形可以分成2个长方形、2个三角形。等分是指把一个整体分成几个相等的部分。学前期只要求掌握二等分和四等分。

(5) 图形的守恒能力，即幼儿能够不受颜色、大小、摆放位置的影响，正确辨认和命名图形。

二、幼儿空间方位概念的发展特点

(1) 幼儿认识空间方位的发展顺序是先有上下概念，再产生前后概念，最后是左右概念。

(2) 幼儿对空间方位的认识，呈现出由近及远、逐步扩展的趋势。

(3) 幼儿对空间方位的认识从以自我为中心向以客体为中心逐渐过渡。

(4) 幼儿对空间方位的认识从绝对化逐渐过渡到相对化。

三、感知形状与空间方位活动的设计步骤及要求

(一) 活动目标

教师在设计教学目标时首先要考虑幼儿的年龄阶段特点，其次还要考虑幼儿的兴趣，设计科学、可行的教学目标。感知形状与空间方位活动发展目标见表4-25。

表4-25　感知形状与空间方位活动发展目标

3~4岁	4~5岁	5~6岁
1. 能注意物体较明显的形状特征，并能用自己的语言描述 2. 能感知物体基本的空间位置与方位，理解上下、前后、里外等方位词	1. 能感知物体的形体结构特征，画出或拼搭出该物体的造型 2. 能感知和发现常见几何图形的基本特征，并能进行分类 3. 能使用上下、前后、里外、中间、旁边等方位词描述物体的位置和运动方向	1. 能用常见的几何形体有创意地拼搭和画出物体的造型 2. 能按语言指示或根据简单示意图正确取放物品 3. 能辨别自己的左右

想一想

根据幼儿感知形状与空间方位的教育目标，结合以上情景，确定本次活动目标，确定重点和难点。

(二) 活动准备

活动准备包括经验准备和物质准备两部分。教师要结合幼儿的特点和教学内容，合理准备教具、材料，帮助幼儿感受图形、空间。

(三) 活动过程

1. 感知空间方位活动过程设计

(1) 创设情景，激发兴趣。教师可以创设故事情景，或采用游戏等其他导入方法来激

发幼儿学习兴趣，引导幼儿感知空间方位。

（2）辨别方位。教师可以设计情景、游戏，引导幼儿学会辨别方位。（见名师分享4-26）

【名师分享4-26】

师：伸出你的左手，伸出你的右手；耸耸你的左肩，耸耸你的右肩；跺跺你的左脚，跺跺你的右脚；左手摸左耳，右手摸右耳；左手摸右耳，右手摸左耳……

（3）巩固对方位的认识。教师可以设计游戏，在幼儿认知方位的基础上进一步学习。如可以设计“走迷宫”的游戏，引导幼儿学习“前”“后”“左”“右”等方位。（见名师分享4-27）

【名师分享4-27】

1．按方位说名称

教师将小猫、小猪、小猴、老虎等动物卡片从左到右按顺序摆好。

师：小朋友，你们看一看，最左边的是谁？最右边的又是谁？谁来告诉老师，小猪的左边是谁？右边是谁？小猴的左边又是谁？右边是谁？

2．按方位摆东西

师：先找出老虎卡片放在中间，把小兔子的卡片摆在老虎卡片的左边，把小猫的卡片摆在小兔子卡片的左边，把小猴的卡片摆在老虎卡片的右边。

2．认识图形活动过程设计

（1）创设情景，激发幼儿学习图形的兴趣。教师根据幼儿兴趣选择导入方法。（见名师分享4-28）

【名师分享4-28】

师：小朋友们，今天老师要带你们到图形王国去，那里啊，会变出好多好多有趣的东西。你们看，这是个魔术箱，你们想不想知道里面藏的是什么秘密？让我们先来摸一摸，摸出来看看是什么。（几何图形）

（2）认识图形的特点。教师可以用图片、教具、游戏等方式，引导幼儿认识图形，了解图形的特点。如教师请小朋友摸一摸、看一看、比一比，加深对图形的认知。

（3）联系生活，引导幼儿认识生活中的图形。如引导幼儿了解日常生活中还有哪些东西是正方形或三角形等，启发幼儿发现身边的图形，感受图形在生活中的用途。

（4）教师设计游戏、任务，帮助幼儿进一步学习。如设计“小动物找家”的游戏：小动物说它们的房子都是有形状的，小狗说它们的房子是正方形的，小朋友们看到正方形的房子就找到了小狗的家。

想一想

结合活动目标，根据以上内容完成活动过程思路的设计。

（四）活动延伸

活动延伸环节，教师要利用区角活动、生活活动、家园互动等方式设计任务或情景，引导幼儿继续学习，巩固对方位和几何图形的认识。

活动设计

请学生结合以上内容，自主或合作完成大班科学活动“左边右边”的活动设计，要求设计符合幼儿的年龄特点和兴趣需要。在完成设计以后，结合感知空间方位活动设计评价表（见表4-26）进行自评和互评，并提出修改意见，完善设计。

表4-26　感知空间方位活动设计评价表

评价项目	评价内容	自评与他评
活动目标	1. 目标明确，重点突出，具有可操作性 2. 目标涉及知识、技能、情感三个方面 3. 目标表述清晰，具有较强的可操作性	☆☆☆☆☆
活动准备	1. 活动准备包括经验准备和物质准备两个部分 2. 环境、材料要适宜，在最大程度上支持和满足幼儿的学习、探索 3. 经验准备符合本次活动的需要	☆☆☆☆☆
活动过程	1. 活动过程要围绕“左边右边”主题设计，突出重难点 2. 设计结构严谨，层次清楚，环节衔接流畅 3. 过程设计详细，体现教与学，并为各个环节设置关键引导语	☆☆☆☆☆
活动延伸	1. 延伸活动可以对课堂教学内容进行广度或深度上的拓展 2. 活动延伸符合幼儿的兴趣需要	☆☆☆☆☆

模拟教学

根据设计进行模拟教学，在教学过程中，教师既要注意自己的语言、肢体动作、师幼互动等常规内容，也要关注教学过程的组织、教学方法的运用，最后结合感知空间方位活动组织评价表（见表4-27）进行评价。

表4-27　感知空间方位活动组织评价表

评价项目	评价内容	自评与他评
活动准备	1. 提供充足、多样的实验材料 2. 环境创设符合教学内容	☆☆☆☆☆
情景导入	激发幼儿感知空间方位的兴趣	☆☆☆☆☆
主体部分	1. 教态亲切、自然、有亲和力 2. 语言简练规范、生动、富有感染力，易于幼儿理解 3. 创设宽松、和谐的心理氛围 4. 教师能够仔细观察，积极地和幼儿互动，给予幼儿必要的支持和帮助	☆☆☆☆☆
结束部分	自然流畅，能够帮助幼儿了解本节课所需掌握的知识，同时激发幼儿继续学习的兴趣	☆☆☆☆☆

拓展任务

拓展任务：小班科学活动“我的前后”

设计符合幼儿年龄阶段的发展目标，保证活动有趣生动，能够激发幼儿的兴趣，帮助幼儿运用方位词。

案例分享

【案例4-10】 几何图形认识活动设计

活动名称	图形宝宝逛超市　小班　数学活动
活动目标	1. 巩固对三角形、圆形、正方形的认识，尝试描述图形的外部特征 2. 能按照不同的图形进行分类 3. 愿意进行分类，体验参加活动的乐趣
活动准备	1. 经验准备：幼儿对三角形、圆形和正方形已有初步的认识 2. 物质准备：三角形、圆形、正方形图形宝宝，三种形状的物体卡片，PPT
活动过程	（一）图形宝宝逛超市，激发幼儿兴趣 师：大家看谁来了？（三角形宝宝、圆形宝宝、方形宝宝）它们今天打算去超市里买自己喜欢的东西，你们看看三角形宝宝推的车是什么样子的？圆形宝宝呢？方形宝宝呢？我们一起帮它们买东西吧！ （二）图形宝宝购物，巩固对不同图形的认识 1. 出示货架图片（上面有很多圆形的物品），请幼儿帮助圆形宝宝选物品 师：这里有很多物品，我们先给圆形宝宝选，大家猜猜它喜欢什么？ 圆形宝宝：谢谢大家，大家给我选的物品都是我最喜欢的圆形的 2. 出示货架图片（三角形、方形），请幼儿分别帮助三角形和方形宝宝选物品 师：圆形宝宝很满意，现在大家帮助三角形和方形宝宝选吧！选好的放在它们的推车里 （三）图形分类 1. 播放图形宝宝推着车，一不小心相撞，货物撒落一地的视频，激发幼儿进行图形分类的兴趣 师：发生什么事情了，图形宝宝的物品都撒在地上了，并且混在一起，我们帮帮它们吧！ 2. 幼儿进行图形分类 师：请大家按照不同的形状，把物品放到不同的推车里 3. 师幼交流，巩固分类认识 师：大家刚才是怎么帮助图形宝宝的？我们一起看看大家分的对不对 （四）结束活动 师：今天我们帮助图形宝宝买到了自己喜欢和需要的物品，图形宝宝都非常的感谢大家，邀请小朋友到图形王国去玩。去图形王国的路一点儿也不平整，有很多洞，小朋友一起来找找和洞一样颜色，且能修补洞洞的形状吧！
活动延伸	在科学角投放一些图形宝宝以及不同图形的拼贴画，引导幼儿继续探索

学习单元五

艺术领域活动设计与实践

单元导读

《指南》提到：艺术是人类感受美、表现美和创造美的重要形式，也是表达自己对周围世界的认识和情绪态度的特有方式。每个幼儿心里都有一颗美的种子。幼儿艺术领域学习的关键在于充分创造条件和机会，在大自然和社会文化生活中萌发幼儿对美的感受和体验，丰富其想象力和创造力，引导幼儿学会用心灵去感受和发现美，用自己的方式去表现和创造美。

单元目标

1. 掌握幼儿园艺术领域教育活动的目标。
2. 掌握幼儿园艺术领域教育活动的主要内容和教学方法。
3. 掌握幼儿园艺术领域教育活动的设计要求。
4. 能够较完整地模拟组织幼儿园艺术领域教育活动。

单元内容

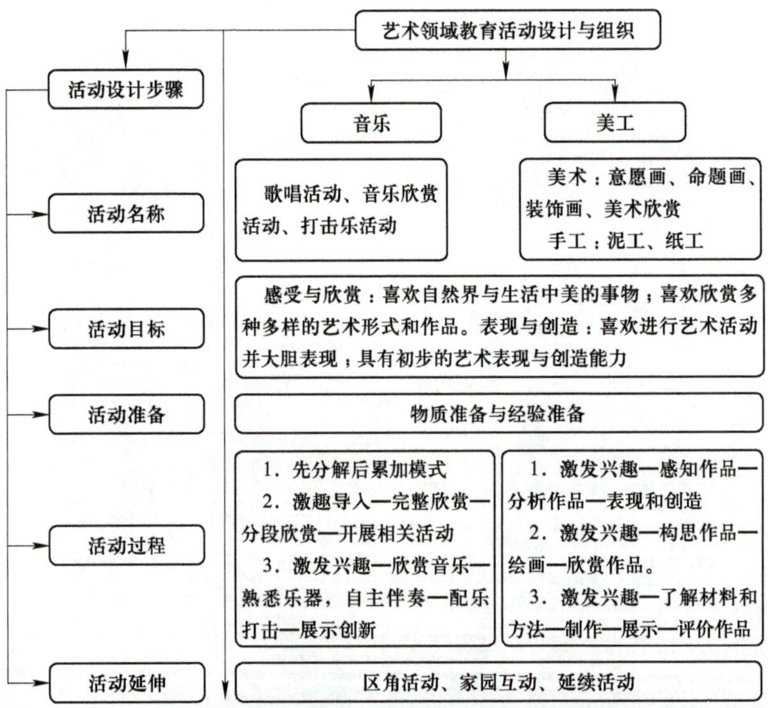

任务一　歌唱活动的设计与组织——中班歌唱活动“三只猴子”

【学习目标】

1．了解小、中、大班幼儿歌唱活动教育目标。

2．掌握幼儿园歌唱活动教育内容。

3．掌握幼儿园歌唱活动的设计要求和方法。

4．能够模拟组织幼儿园的歌唱活动。

案例情景

幼儿园中一班近期在开展动物园主题活动，了解小动物的生活习性和特点以及它们和人类的关系。在这个主题下，朵朵老师选择《三只猴子》这首歌曲进行学习，这首歌曲歌词生动，旋律简单，非常适合中班幼儿演唱。

提出任务

请结合以上情景，依据歌唱活动的设计要求，帮助朵朵老师完成中班歌唱活动“三只猴子”的教学设计，并进行模拟教学，达成本节教学目标。要求活动设计体现幼儿年龄特点，符合幼儿兴趣需要，能够提升幼儿歌唱的兴趣，初步学唱歌曲。

学习新知

一、幼儿学习歌唱的特点

小班：声带柔嫩，音量小；一般可以唱5～6个音（2～6）；肺活量小，呼吸短促，唱歌像“讲歌”，音准较差。小班幼儿比较喜欢音乐，喜欢哼哼唱唱，喜欢随着音乐蹦蹦跳跳。

中班：音量增大，会出现“喊歌”现象；音域有所扩展（1～7）；能唱好切分音；容易发错音。音乐对中班幼儿的吸引力同样很大，不管是男生还是女生都喜欢唱唱跳跳。

大班：音准有较大进步；能用不同的速度、力度唱不同性质的歌曲；能较好地进行领唱、齐唱活动。

二、歌唱活动的选材

开展歌唱活动的首要任务，是根据幼儿发展需要和年龄特点选择适宜的歌曲，优秀的歌曲能引起幼儿的学习兴趣，激发其表现力和创造力，并让幼儿获得美的享受。歌曲的选择需从音域跨度、节奏、速度、游戏性、趣味性、教育性以及歌曲能否带给幼儿快乐的情感体验等方面进行综合考虑。

歌曲《三只猴子》曲风诙谐幽默且富有童趣，是一首四段式歌曲，音域跨度不大，结构规整，适合中班幼儿演唱；歌曲以讲故事的形式描述三只猴子在床上跳的情景，虽有四段歌词，但前三段重复较多，仅猴子数量存在变化，便于幼儿记忆。在床上跳的情景也时常发生在幼儿身上，贴近幼儿生活，能引起幼儿的情感共鸣，从而让幼儿在活动中获得切身感受，体验愉悦。除此之外，歌曲还具有一定的教育意义，提示幼儿在床上跳纵然好玩，但也需注意安全。总的来说，歌曲的选择应具备以下特点：

（一）歌词的选择

1．歌词的内容符合幼儿认知水平

歌词的内容、语词和语法应易于幼儿理解，最好是幼儿熟悉和喜爱的事物，如动物、植物、交通工具、自然现象、身体部位、日常生活活动等。

2．歌词的内容具有童趣和教育意义

幼儿歌曲所表现的内容必须具有童心、童趣，歌词内容宜用拟人、比喻、夸张、诙谐等富于幻想性的表现手法来表现。另外，积极向上、突出生活中美好高尚情感或音乐感染力强的歌曲，同样能受到幼儿的喜爱。

3．歌词的内容适合用动作进行表现

动作可以帮助幼儿理解和记忆歌曲，也有利于培养幼儿的节奏感和提高幼儿动作的协调性，帮助幼儿更好地表达情感。

4．歌词的结构简单、多重复

结构简单的歌曲比较适合幼儿演唱，多重复的歌词不但易于幼儿理解、记忆，而且强调了词的内容，使幼儿演唱易于上口，容易记忆；旋律的反复出现，也给幼儿提供了更多自由编填歌词的机会。

（二）曲调的选择

1．音域选择

一般的情况下，小班音域c^1～a^1，中班音域c^1～b^1，大班音域c^1～c^2。偶尔有个别音超出这个范围时，只要不是长时值的音，不是停留在强拍上的音，且出现次数也不太多时，是可以容许的。歌唱活动始终要以保护幼儿的嗓子为前提，避免幼儿大声喊叫导致嗓子过分疲劳，从而影响健康。

2．节奏选择

从节奏上讲，为小班幼儿选择歌曲以二分音符、四分音符、八分音符构成的节奏为主，有的歌曲可能出现含有少量附点音符的节奏；为中、大班幼儿选择歌曲时，除了二分音符、四分音符、八分音符构成的节奏以外，有时会出现少量十六分音符的节奏、附点节奏和切分音的节奏。总之，与小班相比，中、大班的歌曲显得更活泼、更富有变化。

3．节拍选择

从节拍看，小班歌曲的节拍一般是以2拍子和4拍子为主，偶尔也可以选择一些3拍子的歌曲；为中、大班幼儿选择歌曲时，除了仍以2拍子和4拍子为主外，可以适当选择一些

3拍子甚至6拍子的歌曲让幼儿演唱，增加幼儿对不同节拍歌曲的感受；在中班后期还可以注意选择一些含有从弱拍开始的歌曲，以便发展幼儿对“弱起”节奏的敏感性。另外，选择的歌曲长度适宜幼儿记忆，速度适中，旋律简单，具有童趣。

三、歌唱活动的教学方法

（一）发声练习

（1）发声游戏：通过想象模拟有趣的事物发声，来熟悉偏高（如蚊子、蜜蜂）或偏低（如蛤蟆、小鼓）的声音。

（2）语调语音游戏：例如为小动物滑滑梯配音，模仿雪球从山坡上滚落的声音，模仿老奶奶说话、老爷爷说话、小松鼠说话、长颈鹿说话等。

比如：| 1 2 3 4 | 5 — | 5 4 3 2 | 1 — |

小猫 怎么 叫？ 喵 喵 喵喵 喵。

火车 怎么 叫？ 呜 呜 呜呜 呜。

（3）歌唱节奏游戏：将同首歌曲以不同的轻重音或不同的音色唱出，比如用悄悄话唱《我的好妈妈》《摇篮曲》，开心大声地唱《新年好》，吃力地唱《拔萝卜》等。

（4）气息控制游戏：例如吹鸡毛或吹弹珠比赛、表演小狗喘气等。

想一想

结合歌曲《三只猴子》的特点，选择或自创一种练声方法。

（二）教唱方法

教唱比较常见的方法就是教师乐器伴奏，引导幼儿学习，可以分句教唱，也可以整体教唱。

（1）分句教唱法：适用于歌词较长、较复杂的歌曲。

（2）整体教唱法：适用于结构短小，形象集中、单一的歌曲。

（三）歌词教法

歌词的学习既要用幼儿喜欢的方式帮助幼儿记忆歌词，也要帮助其理解歌词中的意境和感情。针对不同特点的歌曲可以选择不同的方法：

1. 游戏的方法

游戏的方法适合游戏化的歌曲，比如《丢手绢》《我的身体》《拍手歌》《洋娃娃和小熊跳舞》等。（见名师分享5-1）

【名师分享5-1】

活动名称：我的身体 小班 歌唱活动

玩找身体部位游戏，熟悉歌词。

1．教师说出身体某一部位的名称时，请幼儿以最快的速度将双手放到该部位上。教师以随意说，有时快，有时慢，使幼儿感到紧张有趣。

2．教师按照歌词中的顺序说，并逐步加快速度，引导幼儿熟悉歌词。

2. 表演的方法

表演的方法适合有不同的角色、有情节的歌曲，比如《小鸡小鸭》《谁饿了》等歌曲。（见名师分享5-2）

【名师分享5-2】

活动名称：谁饿了　小班　歌唱活动

教师表演，引导幼儿感知全部歌词内容。

1. 教师表演故事“谁饿了”

师：一只大猫出来了（模仿动物走路的样子），肚子饿得咕咕叫（做出表现肚子难受的样子），看见了小老鼠（做出看见食物很惊喜的样子），啊呜啊呜吃完了（先做出狼吞虎咽的样子，再做出吃饱后很满足的样子）。

2. 请幼儿回顾表演，理解歌词

师：一开始是谁来了？它怎么了？后来它看见了什么？最后它又怎么了？

3. 故事的方法

适合有故事情节、生动有趣的歌曲，如《小画家》《迷路的小花鸭》等。（见名师分享5-3）

【名师分享5-3】

活动名称：迷路的小花鸭　中班　歌唱活动

1. 出示图片讲故事，感知歌词内容

师：有一个池塘，池塘边有一棵柳树，柳树下有一只小小的花鸭子，小花鸭正在伤心地哭。小花鸭为什么要伤心地哭？（教师完整地讲述第一段歌词中的故事）

2. 教师清唱

教师把歌词所讲的故事清唱给幼儿听。

4. 歌词创编的方法

如在学习《颠倒歌》时，教师可以在学唱歌曲开始前，请幼儿说说什么颠倒后是什么，并尝试把幼儿提出的内容编进歌里。

5. 歌词朗诵法

对于节奏比较明快、歌词朗朗上口的歌曲，可以引导幼儿朗诵歌词，熟悉歌词。为了满足幼儿的兴趣需要，教师也可以把朗诵和动作表演结合起来。

6. 图谱教学法

图谱在唱歌活动中的运用是一种视觉参与，可以更具体、更形象地展现歌曲的结构和内容，是一个寓教于乐的过程；同时，图谱还能帮助幼儿理解、熟悉、记忆歌词。（见名师分享5-4）

【名师分享5-4】

活动名称：春天　小班　歌唱活动

在小班歌唱活动“春天”中，我们可以这样使用图谱：春天天气真好（用一个大大的太阳表示），花儿都开了（用一朵一朵盛开的花儿来表示），杨柳树枝对着我们弯弯腰（用一棵棵弯腰摇晃的杨柳树枝来表示），蝴蝶姑娘飞来了（用飞舞的蝴蝶来表示），蜜蜂嗡嗡叫（用可爱的小蜜蜂来表示），小白兔儿一跳一跳又一跳（用跳跃的小白兔来表示）等。这些内容只需单张图谱就能立刻表达出每句话的意思，清晰自然，幼儿易于理解。

想一想

学习了这么多方法，请同学们思考一下，怎样引导幼儿学习歌曲《三只猴子》的歌词呢？

（四）节奏教法

在一些歌曲中，有些节奏幼儿较难掌握，教师可以设计适当的活动来帮助幼儿感受节奏。

1. 游戏法

比如在“跟着老师走走”的游戏中，在游戏开始时，借助鼓点来帮助幼儿感受音乐节奏。伴着鼓声，幼儿和教师一起学习老虎、大象、熊等大型动物走路，慢慢地教师可以退到旁边观察幼儿，然后用鼓的声音对幼儿进行指挥。鼓声从慢逐渐加快，当幼儿们感到鼓发出的急促声音的时候，来不及走就开始自由地跑起来，听到最后一声重音时，看谁站得最好。当幼儿有了初步的节奏快慢变化和终止的感受后，再加上歌曲，请幼儿根据音乐的改变与自己的想象自由地开始动作展示，该阶段幼儿可以模仿小鱼游、小鸟飞、小兔跳等不同动物走路，同时还可开展“下雨了”“小兔和狼”等听音乐的游戏，从而吸引幼儿的注意。幼儿在这些轻松和愉快的音乐游戏中，加强了节奏感受能力。

2. 语言节奏训练法

根据语言节奏来编排一些比较顺口的儿歌，让幼儿反复吟唱，或者让幼儿跟着教师所打的节拍，将儿歌匀速地念出来。一般儿歌具有节奏鲜明、简单易学等特点，通过不断训练就可以有效地提高幼儿的节奏感。在对幼儿进行节奏训练的过程中，还可以结合多层次的语言朗诵，也就是两声部的语言节奏朗诵来进行。比如在“扮家家”中，教师为了引导幼儿熟悉前八后十六的节奏，选择内容相近、节奏相同的手指操来带领幼儿熟悉节奏。

语言节奏训练如下：

××	×	××	×	××	××	××	×
切切	菜	擀擀	面	包包	饺子	捣捣	蒜。
蒸花	卷	炒米	饭	油炸	麻花	煎鸡	蛋。

3. 动作节奏训练法

音乐是通过节奏的不同表现方式来表达的，节奏有高低、强弱之分，节奏不能光靠听觉就能掌握，还要运用身体去感受。幼儿喜欢用肢体语言来表达自身的感受，尤其是当他们沉迷于某种音乐或者节奏中的时候，往往会不自觉地用身体动作表现出来。教师可以设计不同的动作，如拍手、拍腿、拍肩等来帮助幼儿熟悉节奏。

4. 节奏图谱法

图谱不仅可以帮助幼儿理解和记忆歌词，还可以帮助幼儿直观发现不同的节奏类型。节奏图谱的灵活巧妙、适时适宜的运用，有利于帮助幼儿理解作品，从而更好地表达出来。如在教授《大雨小雨》时，为了让幼儿感受大雨和小雨的不同节奏类型，可以首先让幼儿倾听大雨和小雨的不同声音，然后根据生活经验设计动作图谱和图形总谱，分别将拍头、拍肩、拍肚子、拍膝盖以及最后结束句的跺脚等动作编入歌曲中，生动的表现“雨点下到了小朋友的头上、肩上、肚子上、膝盖上，最后下到了小脚上”这一情景。

想一想

学习了这么多方法，请同学们思考一下，怎样引导幼儿学习歌曲《三只猴子》的节奏呢？

（五）歌唱形式

(1) 齐唱：大家一起唱，可以全班唱，也可以分组唱。幼儿在初学歌曲时，最乐意大家一起唱。

(2) 独唱：在幼儿基本学会歌曲的基础上，教师可以鼓励幼儿进行独唱，锻炼幼儿的胆量，培养幼儿的自信心。

(3) 接唱：接唱包括个人接唱和小组接唱。

(4) 对唱：一些问答歌、分角色的歌曲可以引导幼儿进行对唱，提升歌唱活动的趣味性。

(5) 歌表演：歌表演是指边唱边做动作表演，既符合幼儿的年龄特点，也可以帮助幼儿理解歌词，感受歌曲的情感。

四、歌唱活动的设计步骤及要求

（一）活动目标

幼儿园歌唱活动的目标制定，既要考虑幼儿园教育的总目标、阶段教育目标、主题目标，还要考虑幼儿年龄特点。不同年龄阶段幼儿歌唱活动发展目标见表5-1。

表5-1　歌唱活动发展目标

年龄班	目标
小班	1. 能经常自哼自唱，喜欢模仿有趣的动作、表情和声调 2. 能模仿学唱短小歌曲 3. 能跟随熟悉的音乐做身体动作
中班	1. 经常唱唱跳跳，喜欢参加歌唱、律动、舞蹈、表演等活动 2. 能用自然的、音量适中的声音基本准确地唱歌 3. 能通过即兴哼唱、即兴表演或给熟悉的歌曲编词来表达自己的心情
大班	能用基本准确的节奏和音调唱歌

想一想

结合中班幼儿的年龄特点和歌曲《三只猴子》的特点，确定本次活动的目标、重点和难点。

（二）活动准备

活动准备一般包括经验准备和物质准备两部分内容。

1．经验准备是指幼儿在参与本活动之前已经掌握的相关知识或具备的经验。比如幼儿已经认识小鸡、小鸭，知道它们的叫声。这些经验为本节课的学习打下基础。

2．物质准备是指完成本次活动需要准备的教具、学材、环境创设等。比如小鸡、小鸭的头饰等教学必备材料，并说明大概数量。

（三）活动过程

歌唱活动的活动过程没有一个固定的模式，这里给大家提供两种常见的模式以供参考：

1．导入+教师示范+幼儿模仿+幼儿练习的模式

（1）导入歌曲，激发兴趣。

（2）教师跟随伴奏演唱新歌，幼儿感知歌曲的内容和旋律。

（3）帮助幼儿分析、理解和记忆歌词，可以运用一些幼儿感兴趣的方法，如图谱法、讲解法等。

（4）用教唱、带唱、齐唱等方式帮助幼儿初步掌握新歌。

（5）表演歌曲，引导幼儿进行表演唱，或以游戏的方式展示歌曲等。

2．先分解后累加的模式

教师将歌曲中的节奏、歌词、曲调分解出来，作为节奏活动、语言文学活动、节奏朗诵活动、韵律活动等的材料分别加以使用，使幼儿在轻松的氛围中初步掌握节奏、歌词和曲调，引导幼儿自己将歌词和曲调结合起来，学唱歌曲。常见的学习方式有以下几种：

（1）学习歌词+熟悉旋律+学唱歌曲

教师按照幼儿的兴趣、活动的重点和难点将学习内容进行分解，教师要充分了解歌曲特点和幼儿特点，选择合适的方式引导幼儿学习歌词、哼唱旋律，进而学唱歌曲。

（2）学习节奏+感知歌词、旋律+学唱歌曲

这种学习方式比较适合节奏较难、容易出错的歌曲，或者歌词内容比较复杂的歌曲。教师预先通过各种方式引导幼儿学习节奏、熟悉歌词，为重点和难点突破打下基础。

（3）学习旋律、歌词+学唱歌曲

有些歌曲旋律优美，节奏也不复杂，教师可以引导幼儿用哼唱的方法进行学习，既可以练声，也可以感受旋律和歌曲的意境美。

想一想

确定歌唱活动的设计思路，明确各个环节的教学内容、方法和教学意图。

（四）活动延伸

活动延伸是为了保持教学活动的完整性、连贯性，从而更好地保证幼儿学习的深度和广度。常见的活动延伸包括以下几种形式：

（1）延伸到下一个活动，使半日活动或者一日活动成为一个有机联系的整体。例如，在“小鸡小鸭”歌唱活动中，幼儿能够完整演唱歌曲，并用简单的肢体动作模仿小鸡小鸭，教师就可以将活动延伸到语言活动中进行故事创编，也可以衍生到科学领域活动中，引导幼儿了解动物的生活习性等。

(2) 延伸到区域活动，如在《小鸡小鸭》歌曲学习后，教师可以把小鸡、小鸭的头饰放在表演区，鼓励幼儿继续学习。

(3) 延伸到家庭和社会活动，如在《小鸡小鸭》歌曲学习后，教师可以引导幼儿回家后和爸爸妈妈一起找找其他动物怎么叫，或把今天学到的歌曲表演给家长。

活动设计

中班幼儿喜欢模仿，游戏的情节、角色、动作过程容易引起他们的兴趣。歌唱活动中应该结合一些动作、表演等来激发幼儿的兴趣。请结合歌唱活动设计评价（表5-2），将上述内容进行整合、调整，理顺逻辑关系，丰富内容。

表5-2 歌唱活动设计评价表

评价项目	评价内容	自评与他评
活动目标	1. 目标涉及知识、技能、情感三个方面 2. 表述正确，目标具有较强的可操作性	☆☆☆☆☆
活动准备	1. 活动准备包括经验准备和物质准备两个部分 2. 环境、材料要适宜，在最大程度上支持和满足幼儿的学习、探索	☆☆☆☆☆
活动过程	1. 活动过程设计包括：导入、主体、结束三个部分 2. 设计结构严谨，层次清楚，环节衔接流畅 3. 过程设计详细，体现教与学，并为各个环节设置关键引导语 4. 学唱方法有趣，富有吸引力	☆☆☆☆☆
活动延伸	1. 延伸活动可以对课堂教学内容进行广度或深度上的拓展 2. 活动延伸符合幼儿的兴趣需要	☆☆☆☆☆

模拟教学

在进行模拟教学前，结合幼儿园教学的实际工作要求，创设适合的情景，准备好场地、教具、学材等。通过录制视频、文字记录等方式，真实记录教学过程。结合歌唱活动组织评价表（见表5-3），针对模拟教学中存在问题进行修正，提升教学组织能力。

歌唱活动在开展时要关注幼儿的兴趣和需要，选择合适的教学方法，引导幼儿感受歌曲的情感。在歌唱教学中，经常有这样的认识误区：歌唱教学很容易，教师会唱，幼儿跟着唱就行了，不少教师判断教学成功的标准也停留在能记住歌词、能够唱出来就是成功。因此，在设计和组织教学中，教师应该更加关注幼儿对歌曲情感的体验。

表5-3 歌唱活动组织评价表

评价项目	评价内容	自评与他评
活动准备	教具、学具准备充分，场地布置安全、合理、有趣	☆☆☆☆☆
情景导入	1. 选择的导入方法科学、有趣 2. 组织自然，能充分调动幼儿积极性	☆☆☆☆☆
主体部分	1. 能用生动有趣的活动引导幼儿自然学唱歌曲，能够充分调动幼儿的兴趣 2. 过程层层递进，过渡语自然、流畅 3. 师生互动良好，教学时间的分配突出重点和难点 4. 能够实现预设活动目标 5. 教具使用科学有效	☆☆☆☆☆
结束部分	引导幼儿复习本节课的重点，同时也要激发幼儿继续学习的兴趣	☆☆☆☆☆

拓展任务

拓展任务一：大班歌唱活动“十二生肖歌”

《十二生肖歌》的歌词浅显，曲调简单，节奏容易把握，演唱的技能要求不高，内容也符合幼儿的兴趣要求，具有生活化、简单化、情趣化及可玩性等特点。请你根据大班幼儿歌曲演唱的特点，设计并组织实施此次歌唱活动。

拓展任务二：中班歌唱活动“买菜”

《买菜》是一首旋律重复、欢快的两拍子的歌曲，分为演唱和唱诵两部分，主要表现了“我”和奶奶去买菜的场景，通过既有趣又押韵的歌词，表现了祖孙二人快乐的买菜过程，非常符合幼儿的生活体验，也深受幼儿的喜爱。这首歌曲充满趣味，但歌词涉及的蔬菜名称比较多，幼儿记忆歌词的内容和顺序存在一定的难度。在歌唱活动的设计过程中，要注重在培养幼儿歌唱能力的同时也应培养幼儿的创造力、感受力和表现力；为幼儿提供自由表现的机会，尊重和肯定幼儿独特的审美感受和表现形式，分享幼儿创造的快乐。同时，教师要力求以游戏为主线，让幼儿能在愉快的氛围和一个个游戏中快乐的学唱歌曲。

案例分享

【案例5-1】 歌唱活动设计

活动名称	大雨和小雨　大班　歌唱活动
活动目标	1. 学习运用活泼跳跃和轻柔缓慢的声音分别演唱歌曲，尝试二声部合唱，初步感知“和声”演唱方式 2. 能用分角色轮唱、二声部合唱等多种方式唱歌，提高歌唱时对声音强弱、对节奏快慢的感受力和控制力 3. 体会歌唱表演的多种形式，体验合作进行艺术表演的快乐
活动准备	1. 经验准备：幼儿观察过雨，对雨的特征有一定的了解 2. 物质准备：自制课件“大雨和小雨”圆舞板，串铃（幼儿人手一份，事先放在幼儿座位上）；座位安排，幼儿分为两组坐成方阵
活动过程	（一）创设下雨情景，激发幼儿兴趣 师：（电脑播放下雨的声音）滴答，滴答，这是什么声音？你们喜欢下雨吗？为什么？ （二）引导幼儿练声 1. 用小鸟的歌声来练声 师：你们这么喜欢下雨，看，现在下雨了，你们高兴吗？想把这个好消息告诉谁呢？（如小鸟）好，我们用歌声来告诉小鸟吧 5 3 0 5 3 0 | 5 3 | 1 – ‖ 小鸟，小鸟，下 雨 了！ 2. 引导幼儿讨论，教师根据幼儿的回答，随机改变练习曲中的角色称谓，引导幼儿继续练声 师：除了小鸟，你还想把下雨的消息告诉谁？ （三）欣赏并学唱大雨的歌 1. 教师播放Flash动画，请幼儿欣赏“大雨的歌” 师：大家听到下雨的消息都来看雨了，小朋友们也来看一看，这场雨是什么样的？你听到了什么样的雨声？ 师：秋天的雨会怎么唱歌呢？是大雨还是小雨呢？你是怎么知道的？ 2. 学唱大雨的歌 (1) 用活泼跳跃的声音学唱“大雨的歌”，注意学习和掌握休止符的唱法 5 5 5 3 3 | 3 3 3 1 1 | 5 5 5 3 3 | 3 3 3 1 1 | 3 1 0 ‖ 滴滴答 滴答，滴滴答 滴答，滴滴答 滴答，滴滴答 滴答，滴答。 师：大雨是怎么唱的？“你能模仿出大雨的声音吗？

（续）

活动过程	（2）加动作进行表演唱，巩固练习 根据幼儿的回答，教师引导幼儿随机改变身体动作，开展表演唱，进行歌曲巩固练习 师：大雨滴滴答答地下个不停，会落到身上的什么地方呢？（如肩膀上）那我们就一边拍肩，一边唱“大雨的歌”吧。除了肩膀，大雨还会落到我们身上的什么地方？” （四）欣赏并演唱小雨的歌 1．引导幼儿观看Flash动画，欣赏“小雨的歌” 师：看，现在雨声发生了什么变化？和刚才的大雨有什么不同？那小雨会怎么唱歌呢？ 5 3 | 3 1 | 5 3 | 3 1 | 3 1 0‖ 滴 答，滴 答，滴 答，滴答，嘀答。 2．以轻柔缓慢的方式学唱“小雨的歌” 师：“小雨的歌”和“大雨的歌”有什么不同？（慢而轻）那我们一起用轻柔的、缓慢的声音来唱唱“小雨的歌”吧 （五）二声部合奏 1．请幼儿从座位下拿出圆舞板和串铃自由试奏，自由进行讨论 师：今天大雨和小雨还带了两位乐器好朋友（出示打击小乐器串铃和圆舞板），你们觉得哪种乐器适合为小雨伴奏？哪种乐器适合为大雨伴奏？ 2．请大雨和小雨一起演奏 师：现在大雨和小雨要一起演奏啦（演奏要求：用两种乐器合奏，一部分幼儿用圆舞板演奏大雨，另一部分幼儿用串铃演奏小雨，然后一起演奏大雨和小雨） 3．师幼交流，提出意见 师：这次合奏得怎么样？大雨和小雨要想合作唱出好听的歌，你们认为需要注意什么问题？ （六）合唱游戏“开城门”，学习二声部合唱 1．出示Flash动画，欣赏大雨和小雨的合唱范唱，体验“和声”的感觉 2．幼儿自选大雨、小雨角色，分组进行二声部合唱 3．了解合唱游戏“开城门”的玩法 师：大雨小雨唱得真好，现在我们去音乐小屋玩玩好吗？要进音乐小屋，需要通过三扇大门：（出示多媒体课件）第一扇门，要唱“大雨的歌”才能打开；第二扇门，要唱“小雨的歌”才能打开；第三扇门，则要把“大雨和小雨的歌”合起来唱才能打开。我再告诉你们一个小秘密，每打开一扇城门，就能得到一件奖品，想去玩吗？为了能顺利打开三道城门，我们要先来练一练歌曲 4．幼儿根据游戏规则分段练唱，继续巩固合唱要领，教师随机进行指导 （七）玩“开城门”游戏并结束活动 幼儿玩“开城门”游戏，顺利进入第三道门后，师幼随音乐自由舞蹈结束本次活动
活动延伸	在生活活动中，引导幼儿巩固学习的歌曲

任务二　音乐欣赏活动的设计与组织——大班音乐欣赏活动“摇篮曲”

【学习目标】

1．了解幼儿园音乐欣赏活动的特点和教育目标。
2．理解幼儿园音乐欣赏活动的基本特点和要求。
3．初步掌握幼儿园音乐欣赏活动的基本结构、组织方法、注意要点。
4．能独立设计并组织一次音乐欣赏活动。

案例情景

《纲要》指出，幼儿艺术活动的能力是在大胆表现的过程中逐渐发展起来的。大一班在母亲节来临之际，开展了“我和妈妈”的主题活动，目的是引导幼儿感受自己的成长和妈妈的付出，萌发爱妈妈的情感，感受妈妈的爱。在这个主题下，小刘老师设计了一次音乐欣赏活动“摇篮曲”。《摇篮曲》曲调优美，节奏缓慢，歌曲有三段歌词，渗透着妈妈对宝宝的无限疼爱和殷切希望。大班幼儿已经有了一定的欣赏音乐作品的基础，能较为正确地辨认音乐作品表达的情绪及节奏特点。

提出任务

请你依据音乐欣赏活动的设计要求，结合以上情景，完成大班音乐欣赏活动“摇篮曲”的设计，并进行模拟教学。要求活动设计体现幼儿年龄特点，符合幼儿兴趣需要，能够提升幼儿感受音乐意境、获取艺术和非艺术经验的能力。

学习新知

一、音乐欣赏活动概述

音乐欣赏是以音乐作品为对象，在聆听的基础上通过其他辅助手段来体验和领悟音乐的真谛，从而得到精神愉悦的一种审美活动，注重幼儿的感知、体验和创造能力的培养，是对幼儿进行音乐教育的重要手段。

对于幼儿来说，音乐有着极强的感染力，不仅可以开阔幼儿的音乐眼界，丰富幼儿的音乐经验，开拓幼儿的想象力、记忆力和思维能力，而且还能在欣赏音乐的过程中培养幼儿听觉的敏感性，建立良好的倾听习惯。

二、幼儿音乐欣赏能力发展水平

小班：能感受音乐作品中明显的速度变化和音区的高低不同。如在欣赏乐曲《小白兔和大黑熊》时，小班幼儿能听出旋律活泼欢快、音色清脆的部分是表现小白兔的，而旋律低沉缓慢、音色笨重的部分是表现大黑熊的。在对音色的感知方面，小班幼儿能够听出音乐中较为熟悉的乐器音色，但是对音乐的记忆能力较差。

中班：中班幼儿对音乐作品中情绪情感的理解有所提升，能较好地运用语言表达出其较为熟悉的情绪情感，能感受到音乐作品中力度的变化。如在欣赏《凯皮拉的小火车》时，中班幼儿能较好地感受到火车从开始启动到行驶中速度越来越快，还能够感受到火车启动、行驶和渐渐停下时力度上的不同。中班幼儿随着音乐经验的丰富，对乐器音色的感知能力也有所提升，如钢琴、沙锤、圆弧响板、铃鼓等都是这一年龄阶段幼儿较为熟悉的乐器。

大班：大班幼儿随着欣赏过的音乐作品的增加，对音乐作品中表达的主题的理解也更深一步，因此大班幼儿从整体上能较好地把握音乐作品中所表达的情绪情感。如在欣赏乐曲《二泉映月》时，部分大班幼儿能够感受到并能够用语言描述出其悲伤、难过的情绪情感。在对音色的感知方面，大班幼儿对乐器音色的认识也更进一步。除了能感知一些常规的乐曲，如钢琴、铃鼓、圆弧响板等外，部分大班幼儿还能听出如小提琴、鼓这样的乐器音色。大班幼儿在对节奏的记忆方面有了进一步的提高，对一些基本的节奏能够很好地掌握和记忆，如2/4、4/4、3/4拍的节奏。

三、音乐欣赏活动作品的选择

在选择音乐欣赏的乐曲时，教师应在深入了解幼儿当前的发展水平与已有的音乐欣赏经验的基础上，分析乐曲本身的特点，如其在音色、段式、节拍、强弱对比、乐句反复等方面的特点，以决定乐曲是否适用于幼儿欣赏。同时，为扩展幼儿音乐欣赏的经验，使之对音乐能有更全面、丰富地理解，教师还应广泛选择音乐素材，而不要局限于教材。

(1) 可以广泛选取幼儿喜欢的乐曲，如《小熊种瓜》《大鞋、小鞋》《小老鼠和小花猫》《大树妈妈》等。

(2) 可以选择一些标题、性质鲜明，有一定内容情节的器乐曲，如《惊愕交响曲》《化蝶》《喜洋洋》《四小天鹅舞曲》《天鹅》《玩具兵进行曲》。

(3) 可以选择音乐形象突出、角色鲜明的乐曲，如《春雨》《小兔、小洋、大灰狼》，或自然界的声音等。

(4) 可以选择一些贴近幼儿生活的歌曲，如《打电话》《我的好妈妈》等。

(5) 可以选择一些有民族特色的音乐，如《茉莉花》《金蛇狂舞》等。

四、音乐欣赏活动的教学方法

在音乐欣赏活动中，教师会用到很多幼儿喜欢的方法，引导幼儿感受音乐、理解音乐和欣赏音乐。

（一）营造适宜的情景和宽松的氛围的方法

创设轻松愉悦的氛围，有助于激发幼儿学习音乐的兴趣。由于幼儿对音乐有种自然的随从性，教师可在平时的常规活动中用音乐的语言来组织活动。如让幼儿回到座位，就用钢琴弹一曲《坐好歌》；需要幼儿安静时，就来一段安静的音乐；游戏之前来一段幼儿喜欢的欢快歌曲等。利用音乐的情绪把幼儿带入活动，不仅可以使活动的组织更容易，而且可以保证幼儿在一日活动里都处于音乐的氛围中。

（二）引导幼儿欣赏音乐的方法

引导幼儿欣赏音乐的方法有以下几种：

(1) 利用韵律活动加强幼儿对音乐的感知能力。比如，让幼儿坐着听一段描写小鸟的音乐，幼儿不一定能理解音乐的内容；但若同时让幼儿学做小鸟飞翔的动作，可以很好地让幼儿理解音乐的内容。

(2) 利用美术活动丰富幼儿对音乐的想象和理解能力。在音乐欣赏活动中让幼儿先仔细倾听音乐，再让其将想象的画面大胆地画出来，在音乐与绘画的转换中培养幼儿的想象力。另外，在欣赏音乐的同时也可以为幼儿提供与该音乐相关的美术作品。

(3) 将音乐欣赏活动与故事相结合也是经常使用的方法之一。如大班音乐欣赏活动《倒霉的狐狸》，教师将乐曲《在山魔的宫殿里》与阅读绘本《母鸡萝丝去散步》巧妙地结合在一起，通过故事线索与音乐的匹配，引导幼儿在理解的基础上创编动作，让幼儿区分狐狸和母鸡出场时不同的音乐特点，将抽象的音乐转化成幼儿可以直观理解的内容。

（三）引导幼儿表达对音乐的理解的方法

启发幼儿表达、描述所欣赏音乐的特点，可以帮助幼儿加深对音乐作品的理解，同时促进幼儿与同伴、教师之间的交流。教师可以运用以下方式启发幼儿表达对音乐的理解：

（1）用语言表达对音乐的理解。如幼儿会用轻柔、舒缓、柔美、安静等词语来形容摇篮曲，会用雄壮、威风、有力等词语来形容进行曲。

（2）用肢体动作表达对音乐的理解。教师引导幼儿运用肢体语言来表达自己的情感体验。如在欣赏《天鹅》和《四小天鹅舞曲》时，教师可以引导幼儿用肢体动作来表现大小天鹅的不同，从而感悟这两段乐曲的不同特点，加深对作品的理解。

（3）用面部表情表达对音乐的理解。让幼儿通过面部表情来描述音乐的特点和表达自己的情感体验，不仅可以培养幼儿大胆表演的能力，而且可以培养幼儿的幽默感。

（4）用美术作品表达对音乐的理解。让幼儿用美术作品来表达他们对音乐的理解，能有效地激发幼儿的想象力与创造力，并有利于促进幼儿之间的分享与交流。如在欣赏乐曲《春雨》时，可以让幼儿自由想象并创作有关春天的图画。

想一想

请结合大班幼儿欣赏特点，选择一种或几种方法，引导幼儿欣赏音乐《摇篮曲》，表达对音乐的理解，结合《摇篮曲》的特点进行设计。

五、音乐欣赏活动的设计步骤及要求

（一）活动目标

根据幼儿的欣赏能力的不同，不同的年龄段需要预设不同的教育目标。音乐欣赏活动发展目标见表5-4。

表5-4 音乐欣赏活动发展目标

年龄班	目标
小班	1. 容易被自然界中的鸟鸣、风声、雨声等好听的声音所吸引 2. 喜欢听音乐或观看舞蹈、戏剧等表演
中班	1. 喜欢倾听各种好听的声音，感知声音的高低、长短、强弱等变化 2. 能够专心地观看自己喜欢的文艺演出或艺术品，有模仿和参与的愿望
大班	1. 喜欢模仿自然界和生活环境中有特点的声音，并产生相应的联想 2. 艺术欣赏时常常用表情、动作、语言等方式表达自己的理解 3. 积极参与艺术活动，有自己比较喜欢的活动形式

目标设计要求表述角度统一，从知识、技能、情感三方面设计目标。目标要求可行、科学、突出重难点。

想一想

根据大班幼儿的欣赏能力特点以及大班教育目标，确定本次音乐欣赏活动的目标，并确定重点和难点。

（二）活动准备

活动准备一般包括经验准备和物质准备两部分内容。

1. 经验准备

经验准备是指幼儿所具备的相关知识和生活经验，以及幼儿对音乐的感受能力。

2. 物质准备

物质准备是指完成本次活动需要准备的教具、学材、环境创设等，注重为幼儿创造宽松、愉悦地氛围。

（三）活动过程

1. 歌曲欣赏

教师可以针对歌曲的特点，运用不同的方法引导幼儿进行多次欣赏，以达到幼儿对歌曲的深入以及完整欣赏的目标。

（1）活动导入，激发兴趣。教师可以通过谈话、故事、儿歌等方式导入活动，激发幼儿对歌曲学习的兴趣。

（2）完整倾听歌曲，感受音乐的情感。教师可以通过播放音乐或清唱、伴奏唱的方式，引导幼儿感受音乐的旋律、情感，鼓励幼儿用自己的语言描述歌曲的内容、情感。

（3）再次欣赏，理解歌词内容。教师可以借助图片、教具、故事、儿歌、表演等方式，帮助幼儿理解歌词内容。

（4）围绕歌曲开展相关活动。教师可以根据幼儿的兴趣需要、歌曲的特点，引导幼儿创编动作、创编歌词，进行歌唱表演等。

2. 器乐曲欣赏

教师可采用“完整欣赏——分段欣赏——完整欣赏”的整体到局部再到整体的方法设计活动，需要注意的是，在不同层次的欣赏过程中教师运用的方法应不同。

（1）活动导入，感受音乐。教师可以选择与乐曲相关的故事、儿歌、游戏、表演等来激发幼儿的兴趣；请幼儿完整地欣赏音乐，同时教师可以对作品的内容和特点、作品的名称等进行介绍。

（2）欣赏完整作品，初步理解感受作品。教师可以运用多种方法引导幼儿欣赏完整音乐作品，并在欣赏的基础上，引导幼儿表达对作品内容、蕴含的情感的理解。

（3）分段欣赏，细致感受作品形象和结构。教师引导幼儿分段欣赏音乐，可以按照乐曲的结构逐段欣赏，引导幼儿对音乐进行深入理解；还可以引导幼儿细致感受作品中的乐器类型、表现手法等，运用视觉辅助材料帮助幼儿更加细致地感受作品的形象和结构。

（4）结束活动。教师可以运用游戏或者表演的形式来带领幼儿完整地欣赏作品，加深幼儿对作品的理解，并营造轻松愉快的结束氛围。

想一想

结合活动目标及所学内容，初步设计活动过程思路，明确各个环节的教学方法和教学意图。

（四）活动延伸

教师可以在音乐角或生活活动中播放相似节奏、情感、类型的曲目，引导幼儿继续学习；也可以将音乐欣赏活动延伸到家庭教育中，激发幼儿探究学习的兴趣。

活动设计

请根据大班幼儿的音乐欣赏水平和已知经验，结合音乐的特点选择合适的教学方法，完成《摇篮曲》的教学过程的设计，并根据音乐欣赏活动设计评价表（表5-1）对设计进行评价。

表5-5 音乐欣赏活动设计评价表

评价项目	评价内容	自评与他评
活动目标	1. 目标围绕幼儿音乐欣赏能力的培养进行设计 2. 目标涉及知识、技能、情感三个方面 3. 表述正确，目标具有较强的可操作性	☆☆☆☆☆
活动准备	1. 活动准备包括经验准备和物质准备两个部分 2. 环境、材料要适宜，在最大程度上支持和满足幼儿的学习、探索	☆☆☆☆☆
活动过程	1. 导入部分要创设适宜情景，引导幼儿倾听音乐 2. 在欣赏完整作品，深入理解感受作品环节，教师要选择适当的方法，引导幼儿通过反复倾听，感受、理解音乐的内容、情绪性质、风格、曲式结构及节奏、节拍、旋律等基本要素 3. 在分段欣赏、细致感受作品形象和结构环节，教师应该把握欣赏的重点和难点，利用幼儿喜欢的方法，引导幼儿理解作品 4. 在结束环节，以游戏或者表演的形式带领幼儿完整欣赏作品 5. 设计结构严谨，层次清楚，环节衔接流畅 6. 过程设计详细，体现教与学，并为各个环节设置关键引导语	☆☆☆☆☆
活动延伸	1. 延伸活动可以对课堂教学内容进行广度或深度上的拓展 2. 活动延伸符合幼儿的兴趣需要	☆☆☆☆☆

模拟教学

在进行模拟教学前，结合幼儿园教学的实际工作要求，创设适合的情景，准备好场地、教具、学材等。通过录制视频、文字记录等方式，真实记录教学过程。结合音乐欣赏活动组织评价表（见表5-6），针对模拟教学中存在问题进行修正，提升教学组织能力。

注意，每个幼儿对音乐的理解不同，教师要为幼儿创造充分的机会，引导幼儿根据自身的体验和理解，通过自己的方法进行创造表达，教师要不断激励幼儿欣赏音乐的主动性和热情，肯定幼儿的看法和表现。音乐欣赏活动还可以与各相关学科领域整合在一起，提高幼儿各方面能力。

表5-6 音乐欣赏活动组织评价表

评价项目	评价内容	自评与他评
活动准备	1. 材料在最大程度上支持和满足幼儿学习、探索、操作的需要 2. 环境创设符合教学内容	☆☆☆☆☆
情景导入	1. 激发幼儿对音乐欣赏活动的兴趣 2. 引导幼儿初步欣赏作品	☆☆☆☆☆
主体部分	1. 教具使用科学有效 2. 教师要充分运用辅助材料，帮助幼儿欣赏、理解音乐 3. 教师要创设平台和机会，引导幼儿运用多种形式表达和表现自身对音乐的感受 4. 过渡语自然、流畅 5. 师生互动良好，教学时间的分配突出重点和难点 6. 能够实现预设活动目标	☆☆☆☆☆
结束部分	1. 选择适合的方式营造轻松愉快的音乐欣赏氛围 2. 通过生动的语言介绍使幼儿对作品背景有更进一步的认识 3. 语言自然、亲切、流畅，教态得体	☆☆☆☆☆

拓展任务

拓展任务一：中班音乐欣赏活动“毛毛虫和蝴蝶”

《毛毛虫和蝴蝶》这首歌曲由两段组成：第一段是以缓慢而低沉的音乐唱出一只自卑、郁闷的毛毛虫在缓慢爬行的形象；第二段以欢快的音乐表现毛毛虫变成蝴蝶之后自由自在飞舞的形象。中班幼儿基本上具备蝴蝶是由毛毛虫变化而来的认知体验。通过欣赏这首歌曲节奏和力度的变化，让幼儿感受毛毛虫变成蝴蝶这一过程的情感变化；能够将音乐和故事结合起来，从情感上充分理解音乐；能够听辨音乐前后两段在节奏、力度上的不同，能用肢体语言表演出毛毛虫和蝴蝶两种截然不同的形象，体会音乐中前后情感的变化。请根据以上内容设计中班音乐欣赏活动“毛毛虫和蝴蝶”。

拓展任务二：小班音乐欣赏活动“小熊和小兔”

本次音乐欣赏活动取材于《熊跳舞》这首充满童趣、诙谐幽默的乐曲。这首乐曲共有三段，是典型的ABA结构的乐曲，音乐对比较明显。小班幼儿年龄小，对音乐的理解能力弱，因此，小班音乐欣赏的作品不宜过长，结构也不能过于复杂。为了让幼儿更好的感受音乐的性质、节奏，理解音乐，激发其欣赏乐曲的兴趣，需要设计幼儿感兴趣的“小熊和小兔”的音乐形象以及舞会的情景，让幼儿在游戏情景中听听讲讲、动动玩玩，引发幼儿参与音乐欣赏活动的内驱力，激发其感受和欣赏音乐的兴趣，提升幼儿的听辨能力、思维能力、想象能力和表现能力，引导幼儿感知音乐ABA曲式结构，区分笨重和轻快两种截然不同的旋律。鼓励幼儿跟随旋律的变化，大胆表现小熊和小兔的动作，体验音乐活动的乐趣。请根据以上内容设计小班音乐欣赏活动“小熊和小兔”。

案例分享

【案例5-2】 音乐欣赏活动设计

活动名称	大班音乐欣赏活动“狮王进行曲”
活动目标	1. 探索用简单符号、打击乐器、表演动作、表情及嗓音等来表现音乐，让幼儿体验想象、创造和表演的快乐 2. 感受游戏的乐趣，乐意相互交流分享
活动准备	1. 经验准备：幼儿已经具备一定的音乐欣赏能力和音乐欣赏经验 2. 物质准备：多媒体课件、两种打击乐器、狮王头饰一个和各类动物头饰若干
活动过程	（一）动画导入作品，感受音乐总体感觉 1. 教师播放《狮王进行曲》的动画片，通过故事导入活动 师：在一个大森林里，大树小树长得很密很密，风吹树摇，隐隐传来了狮王的吼叫声，狮王在山洞里理理鬃毛准备出巡。忽然，猴子从树上滑下来报告说：“狮王驾到！”。乐队就吹起了喇叭打起了鼓，欢迎狮王的到来。狮王大摇大摆、威风凛凛地走出来，得意地大声吼叫，并对小动物们说：“今天是我的生日，我不吃你们。”小动物听了非常高兴，围着狮王跳起了舞，乐队为它们进行伴奏，它们跳的可开心了

（续）

活动过程	2．师幼交流 师：这个故事里有谁？故事里有哪些声音？（喇叭声、鼓声、狮吼声） （二）欣赏完整作品，深入理解感受作品 教师再次播放完整作品，引导幼儿观看图谱并提出以下问题： （1）狮王出来之前小动物为它做了什么？（吹喇叭、打鼓） （2）小动物们“嗒嗒嗒嗒”有节奏地吹着喇叭、打着鼓，欢迎狮王的到来，谁来学一学？ （3）狮子大王出来后发出了怎样的声音呢？谁来学一学 （三）分段欣赏，细致感受作品形象和结构 教师引导幼儿分段欣赏音乐，分别对ABA式的三段音乐进行解析，运用动作引导幼儿细致感受作品的形象和结构 A段：狮王威风凛凛地迈着矫健有力的步伐（引导幼儿做狮王走路的形象动作） B段：狮王对着森林里的动物们大声地吼叫示威（引导幼儿做狮王吼叫的形象动作） A段：狮王表示不吃动物们的时候，小动物的欢呼雀跃（引导幼儿做小动物们各式各样高兴、顽皮的形象动作） （四）结束部分：以游戏或者表演的形式引导幼儿完整欣赏作品 教师请幼儿分别扮演狮王和其余小动物的角色，带上相应的头饰，跟随音乐变换动作并走出活动室结束活动，深入理解音乐的结构
活动延伸	教师将相关物品投放至区角，引导幼儿自由发挥，并尝试将自己的感受和理解用不同的方式表现出来

任务三　打击乐演奏活动的设计与组织——小班打击乐活动“洗手帕”

【学习目标】

1．了解小、中、大班打击乐演奏活动的教育目标。
2．掌握幼儿园打击乐演奏活动的类型和活动组织的方法。
3．掌握幼儿园打击乐演奏活动的设计步骤。
4．能模拟组织幼儿园的打击乐演奏活动。

案例情景

花花老师是小一班的带班老师，她发现小班幼儿年龄小，好动、好玩、好模仿，注意力容易转移，对歌唱表演有着浓厚的兴趣，但自理能力较弱，讲卫生的良好行为习惯还未完全树立。为了提升幼儿自理能力，帮助幼儿尽快适应幼儿园的生活和学习，花花老师开展了“我好棒”的主题活动，目的是引导幼儿提升自理能力，知道自己的事情自己要努力做好，感受成长的自豪感。在这个主题下，花花老师设计了一次打击乐活动“洗手帕”，《洗手帕》歌词简单，旋律朗朗上口，幼儿可以在愉快的体验中学习洗手帕，并且提升音乐节奏感。

提出任务

依据打击乐演奏活动设计与组织的相关要求，结合情景内容，查找相关资料，完成打击乐活动“洗手帕”的设计并进行模拟教学。

学习新知

一、打击乐演奏活动概述

打击乐演奏活动是幼儿园音乐教学的一个重要组成部分，也是幼儿非常喜爱的活动之一。打击乐演奏教学不仅能帮助幼儿掌握乐器演奏的一般知识和技能，提升幼儿节奏感，还能提升幼儿对音色、曲式结构、多声部肢体表现力的敏感性，培养幼儿基本的合作意识、创造意识、组织纪律性和责任感。

二、打击乐演奏活动的座位安排

在演奏的过层中，为了增加演奏效果，教师可以采取半圆形、单马蹄形或双马蹄形的座位分布。为了方便教师对幼儿进行正式学习过程中的轮番指导，建议采取马蹄形的座次安排方式，该座次方式能够让教师更加便于观察每一位幼儿的演奏情况，从而方便进行指导。

三、打击乐演奏活动音乐的选择

在小班阶段，教师可以选择结构单纯清晰、节奏明快的音乐。如《蜜蜂做工》，音乐的旋律在五度之内，节奏为2/4拍，结构单纯，节奏鲜明，并配有歌词。在进行打击乐演奏时，可选用铃鼓、响板、碰铃等乐器，按一拍敲击一下的节奏来为歌曲伴奏。幼儿在学会歌曲的演唱后，采用边唱歌边演奏乐器的方法，可使幼儿心情愉悦地进行活动。

在中班阶段，教师可以逐步加入具有民族个性和不同风格的音乐，如《音乐的瞬间》《小看戏》等。这些音乐既朴素、单纯，又优美、动听，利于培养幼儿的奏乐兴趣，还能提高幼儿对中外音乐的感受能力。

在大班阶段，教师不仅要选用具有明显地域性、民族个性的音乐，还可以加入一些气势宏大、音乐结构复杂的大型音乐片断。如《拔根芦柴花》《水仙花圆舞曲》《瑶族舞曲》等，这些音乐对演奏乐器的水平、对音乐的理解能力等方面都有较高的要求。

四、打击乐演奏活动乐器的选择

不同的乐器有不同的特点，适合不同的音乐作品，因此需要了解其特点。打击乐器一般分为三种：金属乐器、木制乐器、散响乐器。金属乐器如撞钟、三角铁等，属于高音乐器，声音高亢、明亮；木制乐器如双响筒、蛙鸣板、木鱼、响板、打棍、单响筒等，属于中音乐器，声音清脆；散响乐器如铃鼓、串铃、手铃、响铃等，音量小，声音散，可持续奏长音。

打击乐演奏没有固定的配器模式，由于它是听觉艺术，其配器原则以好听为前提，由教师根据音乐本身的性质来确定如何配器。一般来说，节奏欢快的适合使用串铃敲击，抒情的乐曲则适合使用撞钟和三角铁。撞钟适合敲击强拍，三角铁适合敲击弱拍，因为撞钟的延音比较长且声音高亢，三角铁的延音较短且声音较低，这样搭配可以相互呼应，听觉效果会比较好。节奏明显的如十六分音符等适合用双响筒，四分音符或八分音符则适合用响板。需要注意的是，所用乐器的多少要根据本班幼儿的实际水平及乐曲的需求来确定，而不是越多越好。同时，并不需要使用所有乐器同时敲击一种节奏，要能根据音乐的性质充分发挥出各种乐器的特色才会使打击乐更加动听。常见的乐器使用方法如下：

（1）双响筒两侧音高不同，在进行打击之前教师应先敲击一下，在低音处做上标记，这样幼儿能够统一先敲低音再敲高音，保证整齐划一，避免混乱。

（2）沙锤在使用时需要抖动手腕，把双手放在胸部靠下或放在身体两侧，这样抖动出来的声音集中。不能用力甩动，越用力反而会使声音越小。

（3）三角铁在使用时要用左手提绳，不能用手抓握，这样敲击出的声音才会有颤音。

（4）铃鼓在使用时要用左手拿鼓，右手手指敲击鼓面，避免用整个巴掌敲打，这样敲出来的声音柔和、清脆而且动听。

想一想

选择合适的乐器，为《洗手帕》配乐。进行欣赏比对，并总结如何选择乐器才能使配乐更动听。

五、打击乐演奏活动的设计步骤及要求

（一）活动目标

活动目标的制定要围绕小、中、大班幼儿听觉的发展特点，以及幼儿对音乐的兴趣和发展需要来设计目标（见表5-7）。

表5-7 打击乐演奏活动发展目标

年龄班	目标
小班	1. 认识图谱，能根据音乐的节奏用身体动作表示 2. 认识一些简单的乐器，知道其发出的声音；能选择相应的乐器来表现音调的强弱
中班	1. 在教师的引导下设计打击乐配器方案，能根据教师指挥演奏乐器 2. 能用拍手、踏脚等身体动作或可敲击的物品敲打节拍和基本节奏
大班	1. 在熟悉乐曲的旋律和结构的基础上，学习边看教师指挥边用打击乐器为乐曲伴奏 2. 注意倾听他人演奏；集体演奏时，要保持声音和谐统一

（二）活动准备

经验准备是指开展此次教育活动之前，本班幼儿需要具有的经验基础，比如幼儿已经熟悉歌曲、乐曲。

物质准备是指开展活动需要的乐器、图谱、其他道具等。

（三）活动过程

1. 创设情景，激发兴趣

教师可以采用欣赏歌曲、音乐游戏、故事等方式创设情景，激发幼儿兴趣。在进行打

击乐教学的过程中，对教学情景的设置和高质量的渲染有着十分重要的意义。比如在《人民军队忠于党》的教学中，教师以情景渲染的方式，将幼儿带入到听兵叔叔演奏交响曲的情景之中，从而起到良好的演奏效果。

2. 欣赏音乐，初步感知音乐

在打击乐的教学过程中，教师应当给予幼儿充分的时间来反复感知音乐的内容，培养幼儿的乐感，建立幼儿对演奏音乐主旋律的感觉和相关节奏的感官认识，激发幼儿学习的欲望。在欣赏的基础上，教师可以引导幼儿了解乐曲的结构、节奏型、情感表达、内容表达等，为配乐打基础。

3. 介绍乐器，自主伴奏

打击乐教学的初衷在于能够让孩子在开心的氛围下形成一定的乐感，因此直接告知幼儿如何使用乐器伴奏不能凸显幼儿的主体地位，教师可以引导幼儿自主进行尝试性的伴奏，在尝试伴奏的过程中，可以选择一名幼儿进行指挥，并适当地进行个别指导。

4. 尝试配乐演奏

在幼儿尝试伴奏的基础上，教师可以和幼儿一起选择好听的伴奏，制成图谱，请幼儿一起配乐演奏。同时，教师还要通过多种方法引导幼儿学会看指挥和看图谱。

5. 展示创新

在展示创新环节，教师可以引导幼儿展示已经学会的打击配乐，并鼓励幼儿自由探索，进行创编和创新。同时，教师需要引导幼儿体验合作的重要性。

想一想

查找资料，搜集幼儿园常见的打击配乐图谱。通过小组合作的方式，完成《洗手帕》打击乐活动的思路设计。

（四）活动延伸

活动延伸是为了保持教学活动的完整性、连贯性，从而更好地保证幼儿学习的深度和广度。常见的活动延伸的方式包括：

1. 延伸到下一个活动，使半日活动或者一日活动成为一个有机联系的整体。例如，在“厨房里的声音”打击乐演奏活动中，幼儿能够看谱合奏，体验合作演奏的乐趣，教师就可以将活动延伸到语言活动中，鼓励幼儿创编故事；也可以延伸到科学领域活动中，引导幼儿了解动物的生活习性等。

2. 延伸到区域活动。如在“厨房里的声音”打击乐演奏活动结束后，教师可以带领幼儿学唱本首歌曲。

3. 延伸到家庭和社会活动。如在“厨房里的声音”打击乐演奏活动结束后，教师可以引导幼儿回家后倾听爸爸妈妈做饭时切菜、炒菜的声音，或把今天学到的歌曲表演给家长。

活动设计

根据案例情景、任务以及学习新知，结合打击乐活动的设计要求，完成活动设计。在完成设计以后，结合打击乐演奏活动设计评价表（见表5-8）进行自评和互评，并提出修改意见，完善设计。

表5-8　打击乐演奏活动设计评价表

评 价 项 目	评 价 内 容	自评与他评
活动目标	1. 表述正确，目标具有较强的可操作性 2. 目标符合本年龄段幼儿的年龄特点和实际水平	☆☆☆☆☆
活动准备	1. 活动准备包括经验准备和物质准备两个部分 2. 充分合理利用场地；提供充足的乐器，种类多样；准备其他教具	☆☆☆☆☆
活动过程	1. 活动过程设计包括：情景导入、主体部分和结束部分 2. 设计结构严谨，层次清楚，环节衔接流畅 3. 导入部分能够调动幼儿的积极性，方法得当 4. 选择合适的方法，引导幼儿充分的理解歌曲内容，了解歌曲的节奏、结构等 5. 提供充足的乐器，引导幼儿充分了解乐器特点和打击方式 6. 选择有趣的方法指导幼儿打击配乐 7. 展示部分需选择恰当的方法，引导幼儿积极参与	☆☆☆☆☆
活动延伸	1. 延伸活动可以对课堂教学内容进行广度或深度上的拓展 2. 活动延伸符合幼儿的兴趣需要	☆☆☆☆☆

模拟教学

在进行模拟教学前，结合幼儿园教学的实际工作要求，创设适合的情景，准备好场地、教具、学材等。通过录制视频、文字记录等方式，真实记录教学过程。结合打击乐演奏活动组织评价表（见表5-9），针对模拟教学中存在问题进行修正，提升教学组织能力。

在打击乐教学的过程中，教师应该制定一些活动规则，有利于增加整体演奏的纪律性和培养幼儿的责任感。比如演奏开始，应该给幼儿手势或者指令；演奏结束的时候，要求幼儿要将乐器放在大腿上；在活动结束后，要求幼儿对乐器进行整理。

表5-9　打击乐演奏活动组织评价表

评 价 项 目	评 价 内 容	自评与他评
活动准备	1. 材料在最大程度上支持和满足幼儿学习、探索、操作的需要 2. 环境创设符合教学内容 3. 做好场地、器械及服装等方面的安全检查	☆☆☆☆☆
情景导入	1. 情景导入有趣，能够激发幼儿的兴趣 2. 自然导入本次活动	☆☆☆☆☆
主体部分	1. 教师语言生动且充满童趣，能够引导幼儿体验和交流音乐的内容、特点 2. 在指导幼儿打击配乐中，选择恰当的方法，引导幼儿在做中学，既要给予必要的指导，又不能限制幼儿的思维 3. 展示部分能够充分调动幼儿参与的积极性，鼓励幼儿大胆展示和创新	☆☆☆☆☆
结束部分	结束自然，明确交代活动延伸内容，激发幼儿继续学习的兴趣	☆☆☆☆☆

拓展任务

拓展任务一：中班打击乐活动“快乐的鞋匠”

《快乐的鞋匠》这首歌曲非常适合中班幼儿学习，能够激发幼儿对打击乐活动的兴趣，提高幼儿感受音乐的能力；同时方便幼儿认知三角铁、双响筒、串铃等乐器。这首歌曲的内容也符合幼儿的兴趣要求，具有生活化、简单化、情趣化及可玩性等特点。请根据中班幼儿打击乐演奏的特点，设计并组织实施此次打击乐演奏活动。

拓展任务二：中班打击乐活动“拍拍踏踏”

《拍拍踏踏》这是一首节奏与歌唱相结合的乐曲，在拍手踏脚动作表演中感受歌曲的节奏感与身体的韵律美。对幼儿来说这首乐曲很有趣，可以运用拍手、踏脚、拍手、踏脚的动作完成表演，同时可以使幼儿更加熟知自己身体的方位，培养幼儿动手、动脚、动口、动脑、动耳的能力，培养幼儿的创造力、感受力和表现力。请根据中班幼儿打击乐演奏的特点，设计并组织实施此次打击乐演奏活动。

案例分享

【案例5-3】 打击乐活动设计

活动名称	加油干　大班　打击乐演奏活动
活动目标	1. 能看懂操作图，学习按照一定的节拍演奏打击乐 2. 能够根据指挥，合作演奏打击乐
活动准备	经验准备：活动前带领幼儿体验劳动，如抬桌子、搬小椅子、擦桌椅、擦橱柜等；已经学会演唱该歌曲 物质准备：每人一件乐器（碰铃、铃鼓、沙球等），操作图一张，大鼓一个（或镲）
活动过程	（一）复习歌曲，感知歌曲中的情感 1. 教师播放歌曲，请幼儿认真倾听 师：小朋友们，听了这首歌，你们有什么感受啊？大家一起来说一说 2. 教师为幼儿简单地介绍这首歌的背景知识，帮助幼儿感受歌曲中的情感 （二）认识乐器，探索演奏方法 1. 出示乐器，引导幼儿熟悉乐器 师：瞧你们的椅子下面，老师给你们带来了什么？你们认识它吗？谁来介绍一下你椅子下面的它？轻轻拿起你的乐器宝宝，我们要用它来演奏 2. 探索演奏的方法 师：小朋友们，用你们的小乐器为歌曲配乐吧！大家一定要认真思考怎么样才能让配乐听起来更好听 3. 师幼交流演奏技巧 师：大家来说说，怎么演奏声音才好听，歌曲才更加能够体现劳动的场面？ 教师引导幼儿了解演奏中要跟随节拍，欢快的地方可以快速演奏乐器，“嗨嘿”的时候可以多种乐器一起演奏，大家一起演奏最好要有指挥等要点 （三）出示图谱，引导幼儿根据指挥一起演奏 1. 请全体幼儿跟随音乐做动作。用合拍的演奏乐器（* *|）表示干活，较快地演奏乐器（** **|）表示劳动的快乐，边拍手边跺脚边喊“嗨嘿”表示很用劲 2. 在动作熟练的基础上，看指挥做分声部动作。教师的手指到哪边，哪边的幼儿就跟随音乐演奏；“嗨嘿”时全体幼儿一起演奏乐器并跺脚喊“嗨嘿” 3. 注意让幼儿认真听前奏，认真看指挥。在节奏较快的部分，乐器要敲的轻些；在“嗨嘿”处增加大鼓或镲的敲击力度，以表示有力。 （四）再次完整演奏，结束活动 师：各位小小演奏家，我们要把好听的歌曲献给那些在自己岗位上辛苦劳动的人们，大家一定要好好表现哦！
活动延伸	请幼儿收集更多的声音为《加油干》配音

任务四　韵律活动的设计与组织——小班韵律活动“我爱洗澡”

【学习目标】

1．了解小、中、大班幼儿韵律活动教育的目标。

2．掌握幼儿园韵律活动的类型和组织的方法。

3．掌握幼儿园韵律活动的设计步骤。

4．能模拟组织幼儿园的韵律活动。

案例情景

随着天气逐渐变热，洗澡成为幼儿每天必须要做的事情。小班的花花老师准备设计一次韵律活动，引导幼儿在轻松、愉快、自由的游戏中感受生活中的情景，从而爱上洗澡。于是花花老师选择了歌曲《我爱洗澡》，结合动作引导幼儿在律动中爱上洗澡。

提出任务

请依据韵律活动的设计要求，完成小班韵律活动“我爱洗澡”的设计，并进行模拟教学。要求活动设计体现幼儿年龄特点，符合幼儿兴趣需要，能够提升幼儿参与韵律活动的兴趣，引导幼儿爱上洗澡。

学习新知

一、韵律活动概述

律动教学是指跟随音乐旋律的起伏变化，做出相应的肢体动作，用肢体语言来感受音乐、理解音乐、表达音乐。律动教学对幼儿有着重要的教育意义，可以帮助幼儿提升理解力、记忆力以及表达能力，还能帮助幼儿养成良好的行为习惯，提升幼儿的节奏感。

二、韵律活动分类

目前幼儿园音乐教学中所进行的律动大致可分为以下四类：行进律动、节奏律动、模仿律动和动作律动。

1．行进律动

行进律动指幼儿在行进中做的律动，以行进步伐、进行中的动作练习为主，可以使幼儿在行进中保持动作协调且富于节奏感。例如在学解放军走路教学中，可跟随进行曲的旋律来进行训练。

2．节奏律动

节奏律动指跟随音乐做节奏练习的律动。可以通过拍手、点头、拍腿、手腕转动、跺脚等动作来培养幼儿的节奏感。在教学中可选择相同节奏型的旋律或是节奏感比较强的旋律来进行训练。

3. 模仿律动

模仿律动指让幼儿跟随音乐模仿从日常生活实践中提炼出来的动作。比如模仿起床、叠被子、刷牙、洗脸、梳头、搬桌椅、洗澡等，还可模仿工人做工、农民劳动、牧民放牧的动作，还可以模仿走、跑、跳等动作。在教学中可选择具有民歌风味的旋律来配合训练，搭配图片或视频教学则效果更佳。

4. 动作律动

动作律动指让幼儿跟随音乐学练简单的舞蹈动作。动作律动具有一些舞蹈的表演因素，要求动作准确，身体协调，集体动作整齐划一，表现力不断提高。在动作表演中要注意培养幼儿的节奏感、旋律感，同时也让幼儿学会舞蹈的简单动作组合，这也是一种综合训练的律动。

三、韵律活动的设计步骤及要求

（一）活动目标

幼儿韵律活动目标的制定需考虑幼儿园音乐教育的总目标和本阶段的音乐教育目标，从各年龄班幼儿的实际出发。韵律活动发展目标见表5-10。

表5-10　韵律活动发展目标

年龄班	目　标
小班	1. 能跟随熟悉的音乐做身体动作 2. 能用声音、动作、姿态模拟自然界的事物和生活情景
中班	经常唱唱跳跳，喜欢参加歌唱、律动、舞蹈、表演等活动
大班	能用律动或简单的舞蹈动作表现自己的情绪或自然界的情景

想一想

根据小班幼儿的能力特点，确定本次韵律活动的教学目标，并确定重点和难点。目标表述没有科学性错误，角度统一，并且具备可行性。

（二）活动准备

活动准备一般包括经验准备和物质准备两部分内容。

1. 经验准备

经验准备是指活动前幼儿已掌握一定的动作技能，已体验、观察过有关的事物、现象等。

2. 物质准备

物质准备包括：教师使用的相关教具；幼儿学习动作时使用的辅助材料，如图谱、视频等；幼儿学习表演所需的相关道具；教学环境的布置，场地的准备等。

（三）活动过程

活动过程的设计需要考虑幼儿的特点以及活动本身的特点等。

1. 音乐活动

音乐活动的过程设计如下：

（1）创设情景，激发兴趣

该环节，教师可以选择和主题“我爱洗澡”有关的歌曲、故事、话题等，激发幼儿兴趣。比如创设“小兔脏了要洗澡”的情景，引导幼儿在欢快的音乐声中积极参与活动，大胆地用不同的搓洗动作来表现洗澡的情景，最后比比谁洗的最干净。

需要注意的是，情境的创设必须与幼儿的生活密切相关，是幼儿可以认知、理解和想象的情景，并且符合幼儿的兴趣需要。

（2）熟悉音乐，学习动作

在充分调动幼儿兴趣之后，教师可以播放音乐，带领幼儿进行分段学习。在动作教学中，要充分考虑幼儿的接受能力、身体动作特点等，要用生动的语言进行讲解，动作示范规范、准确。比如教师可以引导幼儿一边倾听音乐，一边进行联想，将肢体动作、音乐与观察对象进行匹配，可以提出“像什么？”“做什么？”“怎么做？”等问题。教师也可以引导幼儿积极探索，创编动作，完成动作的创编和学习。

（3）幼儿表演，相互观摩

教师引导幼儿熟悉韵律，伴随音乐大胆展示，可以选择集体展示、分组展示或角色扮演展示等。引导幼儿相互观摩，交流讨论如何展示的更好，也可以引导幼儿相互指导。在幼儿表演的同时，教师要注重观察，针对个别幼儿的动作、表情等进行针对性指导。

（4）匹配音乐进行表演活动

教师可以将幼儿创编的动作提炼加工，组成一组或几组与音乐节奏匹配的完整的动作，并带领幼儿进行完整的表演。由于动作来自幼儿的创造，因此幼儿在表演时会倍感亲切。

2. 舞蹈活动

舞蹈的学习有规定的舞步、手位动作、队形或舞伴变化等，幼儿学习的方法主要以感受模仿练习为主。

（1）欣赏舞蹈，导入活动

教师在舞蹈教学之前，充分利用影视资料，引导幼儿观看欣赏，让幼儿对舞蹈或民族舞蹈的风格特点有一个初步的印象和了解。此外，还可以选择队形学习导入、动作学习导入、歌曲导入等多种导入方法，具体的导入形式可以根据教学的需要来确定。

（2）教师完整示范

为了引起幼儿的兴趣，教师示范前可以穿上漂亮的服饰，引导幼儿欣赏服饰的特点、花纹、属于哪个民族等。教师示范的动作要合拍、准确、优美，有较强的表现力。示范后要引导幼儿表述自己的看法和观点。教师可以进行多次示范，以便幼儿更全面地感受和理解。

（3）分解动作学习练习

对于难掌握的动作，教师可以进行分解教学。为了让幼儿明白动作的发展变化过程，可将上肢动作和舞步分开，逐个进行动作示范，可以利用口令或者哼唱旋律进行伴奏并放慢速度。简单的动作不必分解可以直接配乐练习，动作学习的过程最好按音乐及舞蹈动作的顺序进行。

（4）完整合乐表演

在幼儿初步掌握舞蹈动作的基础上，教师可以组织幼儿进行完整的合乐表演。开始时教师要带领幼儿练习，待幼儿熟练后可以分小组进行表演交流。如果有队形的学习，教师可以采用相应的辅助材料帮助幼儿记忆方位的变化，或在地面上做特定的符号，方便幼儿进行队形的变换。

想一想

结合小班幼儿特点和《我爱洗澡》的音乐，小组合作完成活动过程思路的设计，明确各个环节的任务，确定各环节的标题。

（四）活动延伸

为了保持教学活动的完整性、连贯性，激发幼儿继续探索学习相关内容，教师可以将活动延伸到户外活动、区域活动、家庭或社会活动中。

活动设计

根据案例情景、任务以及学习新知，尝试完成本次活动设计。在完成设计以后，结合韵律活动设计评价表（见表5-11）进行自评和互评，并提出修改意见，完善设计。

表5-11　韵律活动设计评价表

评价项目	评价内容	自评与他评
活动目标	1. 目标围绕幼儿韵律活动能力的培养进行设计 2. 目标涉及知识、技能、情感三个方面 3. 表述正确，目标具有较强的可操作性	☆☆☆☆☆
活动准备	1. 包括经验准备和物质准备两个部分 2. 环境、材料要适宜，在最大程度上支持和满足幼儿的学习、探索	☆☆☆☆☆
活动过程	1. 活动过程设计包括情景导入、主体部分和结束部分 2. 设计结构严谨，层次清楚，环节衔接流畅 3. 过程设计详细，体现教与学，并为各个环节设置关键引导语	☆☆☆☆☆
活动延伸	1. 延伸活动可以对课堂教学内容进行广度或深度上的拓展 2. 活动延伸符合幼儿的兴趣需要	☆☆☆☆☆

模拟教学

在进行模拟教学前，结合幼儿园教学的实际工作要求，创设适合的情景，准备好场地、教具、学材等。通过录制视频、文字记录等方式，真实记录教学过程。结合韵律活动组织评价表（见表5-12），针对模拟教学中存在问题进行修正，提升教学组织能力。

表5-12　韵律活动组织评价表

评价项目	评价内容	自评与他评
活动准备	1. 材料在最大程度上支持和满足幼儿学习、探索、操作的需要 2. 环境创设符合教学内容	☆☆☆☆☆
情景导入	1. 激发幼儿对韵律活动的兴趣 2. 明确韵律活动的任务	☆☆☆☆☆
主体部分	1. 教态亲切、自然，讲解生动、富有感染力，易于幼儿理解 2. 活动组织有序，层次清晰，重点突出，节奏张弛有度，时间安排合理 3. 教师动作指导到位，示范标准 4. 关注个别幼儿，能够进行针对性的指导	☆☆☆☆☆
结束部分	引导幼儿自然结束，激发幼儿继续学习的兴趣	

拓展任务

拓展任务一：中班韵律活动“泥娃娃”

中班幼儿在动作协调性方面做得很好，节奏感更加准确，但是在有合作要求的情况下，还不能根据合作伙伴的状况来调节自己的动作。请根据中班幼儿韵律动作发展特点以及韵律活动目标，设计“泥娃娃”韵律活动教学，引导幼儿跟随音乐做简单的舞蹈动作，尝试用眼神或身体动作与同伴、教师进行交流，掌握音乐的强弱、快慢和节奏的变化规律。鼓励幼儿独立或结伴表演自己创编的韵律与动作组合，让幼儿体验参与韵律活动的快乐。

拓展任务二：大班韵律活动“大象和小蚂蚁”

大班幼儿可以做出一些幅度较小的、精细的腕部和指部动作，也可以做出比较复杂的连续移动动作及更加协调的联合动作。请根据大班幼儿韵律动作发展特点以及韵律活动目标，设计“大象和小蚂蚁”音乐游戏，引导幼儿较准确地跟随音乐的变化改变动作的力度、速度、节拍、节奏型、难度，学习用身体动作组合表现音乐游戏角色、情感和内容，积极、熟练地使用动作、表情、体态与人进行沟通。

案例分享

【案例5-4】 韵律活动设计

活动名称	中班　韵律活动　大鞋小鞋
活动目标	1．能根据歌曲内容及大鞋与小鞋发出的不同声音，大胆地创编动作进行表演 2．喜欢参加音乐活动，体验与同伴共同歌唱、表演的快乐
活动准备	1．经验准备：幼儿已经学会歌曲《大鞋小鞋》，并理解歌曲的内容 2．物质准备：《大鞋小鞋》音乐及相关教具、学材
活动过程	（一）复习歌曲《大鞋小鞋》，进一步感受歌曲中两种不同的音乐形象，理解歌曲的内容 1．引导幼儿用不同的演唱速度和力度来演唱歌曲 师：在上一次的歌唱中，小朋友都已经说了，在唱爸爸的鞋时，唱得要慢，声音要大；而在唱娃娃的鞋时，唱得要快，声音要小。那让我们用好听的声音再演唱一遍，好吗？ 2．幼儿分组演唱，再次感受两种不同的音乐形象 师：娃娃组的小朋友和爸爸组的小朋友一起来唱一唱好不好 （二）创编动作，自由表演 1．幼儿自由创编歌曲前半部分内容的动作 师：在上一次的活动中，小朋友说了许多穿爸爸的鞋和穿娃娃的鞋的不同感觉。请大家用有趣的动作把它表演出来，好吗？ 2．幼儿在集体面前表演前半部分内容的动作 师：我们现在请几位表演得较好的小朋友上前来表演好吗？ 3．幼儿分组讨论、创编歌曲后半部分内容的动作 师：在上次的活动中，小朋友已经模仿过穿大鞋和穿小鞋走路时发出的声音。可是，应该用什么动作把它表演出来呢？请你和周围的小朋友讨论一下，大鞋的声音应该用什么动作来表演，小鞋的声音又应该用什么动作来表演 4．幼儿在集体面前表演后半部分内容的动作 师：谁来表演穿大鞋（小鞋）走路时发出的声音？（引导幼儿用不同的动作来表演。） 5．教师哼唱歌曲，师幼共同表演 师：小朋友，让我们一起边听音乐边表演吧！（教师观察幼儿的表演，抓住幼儿在表演中的闪光点） （三）幼儿分组边唱边表演 将幼儿分成两组，一组表演第一段，一组表演第二段，边唱边表演。之后结束本次活动
活动延伸	1．在自由活动时间可以引导幼儿边唱歌曲边表演 2．把穿爸爸的鞋和穿娃娃的鞋的不同感觉画出来

任务五　绘画活动的设计与组织——大班命题画活动“美丽的秋天”

【学习目标】

1．了解小、中、大班绘画教育目标。

2．掌握幼儿园绘画活动的类型和组织的方法。

3．掌握幼儿园绘画活动的设计步骤。

4．掌握指导小、中、大班幼儿进行美术活动的基本技巧。

5．能模拟组织幼儿园的绘画活动。

案例情景

秋天到了，围绕秋天花花老师组织了“秋天真美丽”的主题活动，在这个主题下花花老师想设计一节美术课，引导幼儿发挥想象力，把自己认为的秋天的美用画笔画下来，感受秋天的美好。如果你是花花老师，该如何组织该活动呢？

提出任务

按照活动的设计要求以及幼儿绘画的年龄特点，完成大班命题画活动“美丽的秋天”，要求活动的设计与组织要求充分发挥幼儿的想象力，激发幼儿的绘画兴趣，引导幼儿把自己看到的、想到的秋天的美用画笔展示出来，并能够展示、描述自己的画。

学习新知

一、绘画活动的概念及特点

幼儿园绘画活动是教师引导幼儿在观察、感受的基础上，运用笔、纸等绘画工具和材料创造出可视的、有空间感的艺术形象。绘画活动对幼儿的思维、想象、人际交往、情感等方面有显著的教育价值，能够培养幼儿的审美和创造力，陶冶幼儿的情操，提升幼儿的自信心和手指灵活性。

二、绘画的类型

从绘画使用的不同的工具和材料看，幼儿可学习的绘画类型包括彩笔画、蜡笔水粉画、水粉画、水墨画、印章画、拓印画、吹画、喷洒画、滚画等。

1. 彩笔画

彩笔画在幼儿园绘画教育中比较常见，教师可以引导幼儿使用蜡笔、油画棒、彩色水笔、彩色铅笔、彩色粉笔等工具直接在画纸或墙上涂色、画画。

2. 蜡笔水粉画

画蜡笔水粉画时，先用油性足的蜡笔或油画棒等油性绘画工具在画纸上画出物体的形象轮廓，然后用水粉笔蘸水粉颜料刷遍整张纸，由于油性蜡排水，用蜡笔或油画棒画出的物体形象便会凸现出来。

3. 水粉画

水粉画是指用水粉笔蘸调配好的水粉颜料在画纸上画画。

4. 水墨画

水墨画是指用毛笔蘸墨水在宣纸上画画。

5. 印章画

印章画在小班绘画教育中比较常见，教师引导幼儿用刻好的土豆、萝卜、藕等物体的切面或积木、纸团、手、脚等蘸上颜料压印、拍印在铅画纸上。

6. 拓印画

拓印画是指将硬币、树叶、积木等有明显凸出纹路的物体放在薄纸下面，然后用彩色铅笔在纸上来回密密地磨拓，拓印出纸下物体的清晰纹理。

7. 吹画

吹画也是幼儿比较喜欢的一种画画形式，教师引导幼儿将一种或几种颜料倒在画纸上，用嘴或吸管将颜料吹出不同的形象，或任其自由流动、混合成任意图形，也可再稍微添加某些形象。

8. 喷洒画

教师引导幼儿在一张纸上用纸片、窗花、树叶、花瓣、玩具插花片、线绳等拼摆出各种图案或物体形象，再用牙刷蘸上适量颜料（也可用几种颜色交替使用），在钢丝网上刮刷（也可用喷枪等喷洒），让颜料均匀地喷洒在图画纸上，最后轻轻拿出纸片、窗花等，画面上就出现了彩色雾点衬托的图像。需要注意的是，幼儿需要先学习怎样拼摆画面、怎样喷洒等。

9. 滚画

滚画是一种幼儿比较喜欢的、比较适合小班幼儿开展的绘画游戏。只要能滚动的物品都可以作为其工具，如弹珠、石头、车轮等。将其蘸上颜料，随着滚动的轨迹描绘出喜欢的图案。

三、绘画活动的基本形式

1. 命题画

命题画是指由教师提出绘画的主题和要求，幼儿按照这一要求完成的绘画。命题画以帮助幼儿学习造型、设色、构图等形式语言为主要目的。

命题画的关键在于教师的命题。为此，教师应该深入地了解幼儿的实际生活，选择幼儿感兴趣的、与他们的生活经验相关的内容作为绘画的主题。一般来说，自然景物、日常用品、人物、植物、动物、交通工具与生产工具、建筑物及简单的生活事件等都可以作为命题画的内容。

2. 意愿画

意愿画是指幼儿把自己看到的、感受到的、喜欢的人和物记忆下来，通过想象，以画的形式表示人和物。意愿画带有很大的随意性，幼儿可根据自己的意愿，充分自由地表达自己的想法，以满足其创造的欲望和意愿的抒发。意愿画是幼儿自我创造、表达情感的一种极好的方式。

3. 装饰画

按照形式美的规律和法则，通过各种装饰的特殊手段来创作，以达到特定的装饰美感，这种作画方式称为装饰画。装饰画的主要特点包括：造型简练，色彩鲜艳、对比强烈。幼儿装饰画在表现手法上侧重夸张变形，并具有一定的装饰效果。幼儿装饰画以幼儿为主要欣赏者，强调从幼儿心理的需要出发，充分运用形式美的规律和法则以及夸张变形的艺术手法，对所要表现的对象进行装饰变化，使对象造型生动，色彩鲜艳，画面充满童趣、天真烂漫。

四、绘画活动的设计步骤及要求

（一）活动目标

根据《纲要》和《指南》的精神，结合幼儿园小、中、大班幼儿的年龄特点，设计幼儿园绘画活动的发展目标，见表5-13。

表5-13　绘画活动发展目标

年龄班	目标
小班	1．经常涂涂画画、粘粘贴贴并乐在其中 2．能用简单的线条和色彩大致画出自己想画的人或事物
中班	能运用绘画、手工制作等方式表现自己观察到或想象的事物
大班	1．乐于收集美的物品或向别人介绍所发现的美的事物 2．愿意和别人分享、交流自己喜爱的艺术作品和美感体验

在制定目标的时候，教师要注意目标的表述角度要统一，即全是从教师的角度表述或者全部从幼儿的角度表述。目标最好从情感态度、知识技能、过程方法三个维度来设计，数量在三条左右。要求设计的目标要符合幼儿的年龄特点，符合绝大多数幼儿的发展需要。目标制定还要科学可行，不能有知识性的错误，并且作为预设的目标要突出本次活动的重点内容，通过本次活动能够达到。

想一想

根据大班幼儿绘画能力特点及教育目标，确定“美丽的秋天”活动的目标，以及重点和难点。

（二）活动准备

活动准备一般包括经验准备和物质准备两部分内容。

1. 经验准备

幼儿在参与本次活动之前已经掌握了相关知识或具备相关经验，比如蜡笔的使用方法、绘画的技巧等。再如教师请幼儿画画之前，需要引导幼儿观察和发现秋天的美、秋天的变化等。

2. 物质准备

完成本次活动需要准备的教具、学材、环境创设等，以及美术活动需要的工具、材料等。

（三）活动过程

1. 命题画活动过程

（1）创设情境，激发兴趣。比如在《奇怪的树》课例中，教师收集了一些常见树的图片布置在活动室内，引导幼儿参观，并提问："你看到了什么？"。幼儿兴致勃勃地围着树议论着，不时会有幼儿询问教师或同伴。教师通过环境布置、图片的方式吸引了幼儿的注意，为接下来相关活动的开展做铺垫。

（2）体验与感受。引导幼儿通过观察、回忆，认识和了解事物的特征与本质，获得感性和理性的初步认识。在《奇怪的树》课例中，教师逐一出示各种奇怪的树的图片，并逐一提问："这棵树奇怪在哪里？"以此激发幼儿的创作欲望。这时，幼儿开始兴奋起来，回答十分踊跃："这棵树的树干胖胖的，像瓶子!""这棵树上结的果子很奇怪，像面包!""这棵树上的花都开得不一样，各种花都有"等。

（3）思考创造方法。教师可通过师生互动、生生互动，引导幼儿寻找个性创造的方法。例如，在《奇怪的树》课例中，教师提问："你们想画什么样的奇怪的树"？幼儿反应十分热烈："我想画玩具树，上面结满各种玩具，我想玩什么就可以拿什么""我想画狮子树，谁见了都害怕!""我也想画玩具树""我想画长满手的树，手上有很多吃的东西"……教师对每个幼儿的回答都给予肯定，并问："还有什么更神奇的树？"这时幼儿基本都在重复自己或他人的想法。

（4）幼儿作画。在此过程中，根据幼儿的创作情况不断进行适时、适度地指导，帮助幼儿顺利完成作业。

（5）展示作品。通过观赏、讲述作品，使幼儿进一步受到启发，加强信心。

想一想

根据以上知识，结合已经设计的教育目标，完成活动过程基本环节思路的设计。

2. 意愿画活动过程

意愿画并不是完全让幼儿自由发挥，而是给幼儿以主题选择的自由及自主创作的自由。因此，意愿画活动可以很好地锻炼幼儿的记忆力、想象力和创造力。

（1）教师在组织活动之前，应该创设宽松的环境。幼儿由于年龄小，思维以无意识为主，随意性强，作画时会根据自己的意识想到哪儿就画到哪儿。因此，教师要为幼儿创设一个宽松的创作环境，让幼儿大胆地、不受拘束地画其心中想要的东西。避免交代过细，限制过多，避免提出过多的要求。

（2）激发幼儿的兴趣。教师可以通过儿歌、故事、绘画作品、游戏等方式激发幼儿对本次活动的兴趣。

(3) 帮助幼儿构思。教师可以通过谈话、观察等方式，引导幼儿构思自己想要画的图画。幼儿对于意愿画的创作，往往会觉得无从下手，这就需要教师帮助他们进行绘画的构思，为此，教师可以通过谈话的方式来启发幼儿思考。在绘画前，之前，教师可以引导幼儿观察秋天、赞美秋天等；在绘画中，可以引导幼儿说说秋天的天气、秋天的植物、秋天的动物、秋天的小朋友、秋天的幼儿园等。

值得注意的是，教师不能以自己的思考来代替幼儿的思考，否则就歪曲了意愿画的本来意义。同时，还要注意谈话活动应该在幼儿动手创作之前进行；幼儿开始描绘之后，教师要避免随意地和儿童谈话，更不能用自己的描绘来代替幼儿的创作。

(4) 幼儿绘画。该环节幼儿尽可能发挥自己的想象力，画出自己想要的画，同时教师也要鼓励幼儿给画命名。

(5) 欣赏幼儿的作品。在幼儿完成自己的意愿画后，教师一定要和幼儿一起欣赏作品，并加以提问，引导幼儿对自己的意愿画进行讲解。让幼儿讲解作品有以下几点好处：一是可以完善意愿画，使意愿画充分反映幼儿的主题思想；二是可以发展幼儿的口语表达能力，幼儿的口语表达能力在不断的意愿画讲解中得到提升；三是能够使教师了解幼儿对事物的认识程度和理解水平，了解幼儿的兴趣爱好和愿望，为制定下一步学习计划做好准备。

3. 装饰画活动过程

幼儿装饰画作为绘画活动的形式之一，主要是指幼儿运用各种花纹色彩，在各种不同的纸形上，按照形式美的规律进行装饰。

(1) 激发幼儿的兴趣。教师可以引导幼儿欣赏装饰画，感受装饰画的美；也可以用与装饰画内容、功能相关的情景、故事、儿歌、游戏等导入活动。

(2) 熟悉装饰画的要素。引导幼儿了解装饰画的线条、构图、色彩等要素。

(3) 幼儿创作装饰画。幼儿根据上个环节学习的关于装饰画的知识，发挥自己的想象，完成装饰画。可以个人独自完成，也可以小组、集体合作完成。

(4) 展示评价作品。幼儿展示作品并进行评价，教师要善于发现作品中的优点，鼓励幼儿的创作。

（四）活动延伸

为了保持教学活动的完整性、连贯性，激发幼儿继续探索学习相关内容，教师可以将活动延伸到户外活动、区域活动、家庭或社会活动中。

活动设计

根据案例情景、任务以及学习新知，尝试完成本次活动的设计。围绕教学目标、幼儿兴趣和年龄特点完成活动准备、活动过程和活动延伸的设计。在完成设计以后，结合绘画活动设计评价表（见表5-14）进行自评和互评，并提出修改意见，完善设计。

表5-14 绘画活动设计评价表

评价项目	评价内容	自评与他评
活动目标	1．目标围绕幼儿的年龄特点、绘画类型的特点进行设计，突出幼儿的体验与操作 2．目标表述科学、可行	☆☆☆☆☆
活动准备	1．活动准备包括经验准备和物质准备两个部分 2．环境、材料要适宜，在最大程度上支持和满足幼儿的欣赏和表现	☆☆☆☆☆
活动过程	1．活动过程要突出重难点 2．活动过程包括激发兴趣、幼儿绘画、展示和分享等环节 3．设计结构严谨，层次清楚，环节衔接流畅 4．过程设计详细，体现教师教学的方法和意图，并为各个环节设置关键引导语	☆☆☆☆☆
活动延伸	1．延伸活动可以对课堂教学内容进行广度或深度上的拓展 2．活动延伸符合幼儿的兴趣需要	☆☆☆☆☆

模拟教学

在进行模拟教学前，结合幼儿园教学的实际工作要求，创设适合的情景，准备好场地、教具、学材等，做好充分的准备。通过录制视频、文字记录等方式，真实记录教学过程。在绘画活动的组织中，教师要考虑幼儿的能力特点，用生动的语言、情景等吸引幼儿的注意力，激发幼儿绘画的灵感，不束缚幼儿的思维，弱化绘画技巧的训练，强化幼儿自由自在的抒发情感，感受美和创造美的能力。结合绘画活动组织评价表（见表5-15），针对模拟教学中存在问题进行修正，提升教学组织能力。

表5-15 绘画活动组织评价表

评价项目	评价内容	自评与他评
活动准备	1．材料在最大程度上支持和满足幼儿思考、绘画、想象等需要 2．环境创设符合教学内容，能激发幼儿兴趣	☆☆☆☆☆
情景导入	1．能激发幼儿对活动的兴趣 2．组织好教学	☆☆☆☆☆
主体部分	1．教态亲切、自然，尊重幼儿，肢体语言标准 2．语言简练规范、生动、富有感染力，易于幼儿理解 3．活动组织有序，层次清晰，重点突出，节奏张弛有度，时间安排合理 4．基本实现预设活动目标，引导幼儿积极参与到绘画和创作当中，鼓励幼儿大胆抒发情感和表现 5．教师要关注到不同能力的幼儿	☆☆☆☆☆
结束部分	自然流畅，能够帮助幼儿了解本节课所需掌握的知识，同时激发幼儿继续学习、继续探索的兴趣	☆☆☆☆☆

拓展任务

拓展任务：大班命题画活动“花儿朵朵”

随着春天的到来，花儿成了幼儿关注的焦点，大家谈论着自己喜欢的花儿，了解着花儿的特殊作用与有趣的寓意。老师决定带孩子们一起认识各种各样的花儿，观察花儿的特征，认识花蕊与花瓣、花枝和花叶。为了让幼儿进一步个性化的表达对花儿的情感，提升对生活中美的追求与向往，请设计一次以命题画“花儿朵朵”为主题的绘画活动。

案例分享

【案例5-5】 装饰画活动设计

活动名称	藤蔓装饰画——树　中班　美术活动
活动目标	1. 通过欣赏具有藤蔓装饰风格的树的作品，感受螺旋形线条的延伸、变化 2. 感受蜿蜒的螺旋形线条的优美，并尝试用水彩笔创作有藤蔓装饰风格的树 3. 体验藤蔓的装饰美，能大胆、愉快地创作、表现
活动准备	1. 藤蔓装饰风格的树图片7幅，藤蔓的写实图片4幅 2. 幼儿每人一张装饰画框纸，水彩笔，各种小贴纸等
活动过程	（一）观察藤蔓写实图片，引起幼儿的好奇 师：小朋友们，知道这些是什么吗？它们是什么样子的？请你学一学是怎么长出来的 （二）欣赏具有藤蔓装饰风格的树的作品，初步感受螺旋形的特征 1. 比较藤蔓树的树枝画法 2. 比较藤蔓树的树枝结构的表现方法 3. 比较藤蔓树的树枝的装饰方法 小结：我们看到的藤蔓树用了许多的螺旋线条来画树枝，这些螺旋线有不同的绕法：有的往左，有的往右，粗细、长短也不同；有的一个连着一个往上延伸着，很满；还有的在树枝上添了许多图形、图案，让树看起来很丰富、很美……这样的装饰画可以装饰我们的环境，让我们的环境也有美感。你想做设计师吗？ （三）幼儿制作自己的藤蔓装饰画，教师进行指导（播放背景音乐） 师：老师也给你们准备了一种特别的笔和装饰画框，想让你们制作一幅藤蔓装饰画——树 （四）展示作品，欣赏评价 师幼共同将幼儿的作品展示在准备好的大型藤蔓背景图上，让幼儿感受藤蔓装饰画的意境美，体验成功的喜悦
活动延伸	教师引导幼儿用自己创作的装饰画来装饰班级环境，并说明缘由

任务六　美术欣赏活动的设计与组织——大班美术欣赏活动“星空”

【学习目标】

1. 了解小、中、大班幼儿园美术欣赏的教育目标。
2. 掌握幼儿园美术欣赏活动的类型。
3. 掌握幼儿园美术欣赏活动的设计步骤。
4. 掌握指导小、中、大班幼儿进行美术欣赏活动的基本技巧。

案例情景

在美术欣赏课上时，幼儿园大班王老师发现幼儿对米罗的画特别感兴趣，因为他的画中没用写实的手法来明确具体的物像，而只用了一些线条、大小不同的点和扭曲重组的形状来绘画，这些都类似于幼儿涂鸦期的偶得形状。米罗的《星空》就是以简单的色彩，通过点线来构图，抽象地表现了夜晚星空的神秘，可以充分调动幼儿想象的空间和表现的欲望，作品非常适合中大班幼儿的思维特点和认知特点，

提出任务

结合情景要求，尝试帮助王老师设计大班美术欣赏活动“星空”，要求设计符合美术欣赏活动的特点和大班幼儿的特点，引导幼儿欣赏作品，感受作品，设计并尝试模拟组织本次活动。

学习新知

一、美术欣赏活动的概念

幼儿美术欣赏活动是一种培养幼儿审美鉴赏力的教育活动，是指教师引导幼儿欣赏和感受美术作品，了解对称、均衡等形式美的初步概念，感受其形式美和内容美，从而丰富幼儿的美感经验，培养其审美情感和审美评价能力的教育活动。幼儿美术欣赏活动是学前美术教育的重要组成部分，其实施有助于培养幼儿对大自然、社会生活以及美术作品中的美的敏感性，全面提高幼儿的观察力、想象力、创造力及形象思维能力等，促进幼儿健康情感和健全人格的发展，最终使幼儿能够领会并遵循美的原则，运用美的知识和技能创造美好的生活。

二、各年龄班的幼儿美术欣赏的内容

精选欣赏对象，以艺术审美性与教育功能性兼备的经典作品为主。教师要从幼儿的视角出发，考虑其年龄阶段及身心特点的差异性；在选择欣赏作品时要注重幼儿的独特体验，精选欣赏难度较小、内容与幼儿生活及思维紧密相连、艺术表现形式感性且直观的经典美术作品，以引发其情感共鸣。

（一）小班幼儿欣赏内容

小班欣赏内容要贴近幼儿的生活，要具有鲜明色块，季节特征明显，大班美术作品也可以作为小班美术欣赏的内容。

（二）中班幼儿欣赏内容

中班欣赏内容要联系幼儿生活经验，可以选择以下内容：

1. 与幼儿生活经验相关的名画、名作

通过环境和艺术作品两个方面来加深幼儿对周围事物的审美感受。比如，水果丰收的季节，教师可以带领幼儿来到水果铺，引导幼儿分辨各种果实；来欣赏法国艺术大师塞尚所画的《苹果和橘子》及其他水果作品，与大师进行思想上的交流。

2. 与动物相关的名画

根据幼儿喜欢小动物的特点，为中班幼儿准备一些富有生活情趣的作品，如齐白石的昆虫、小虾作品，吴作人的熊猫作品等。

3. 民间艺术品

民间艺术历史悠久，源远流长，种类繁复，如一些年画、剪纸等都是常见的民间艺术品，也可以作为欣赏的内容。

（三）大班幼儿欣赏内容

大班欣赏内容要注重文化的积淀，可以选择以下内容：

1. 欣赏中国名画

中国名画中有大量的山水花鸟，风景静物作品。山水风景作品能激起幼儿对大自然的热爱，对自然中美的事物的留心，使其情感世界变得丰富多彩。

2. 欣赏国外名画

国外名画如莫奈的《日出·印象》、修拉的《大碗岛的星期天下午》、德加的《舞者》、梵·高的《星月夜》和《向日葵》、毕加索的《三个音乐家》、卢梭的《睡着的吉卜赛姑娘》等作品，都是可以选择的内容。如梵·高的《向日葵》，色彩明快而热烈、饱和而辉煌，桌布、陶罐、花和花茎都用单线勾勒，极富装饰性。幼儿在欣赏的同时，不仅可以学到一些浅显的色彩知识以及施色技巧，还有利于发掘自身的色彩潜能，感受作品的不同风格。

3. 欣赏中国建筑

中国建筑具有悠久的历史和光辉的成就，还具有鲜明的民族特色。从建筑外观上看，最显著的特征是造型丰富的屋顶形式；从建筑装饰中色彩的使用来看，黄色琉璃瓦顶，朱红色柱子，屋檐下用青绿色略加点金，使建筑物富丽堂皇，给人深切的感受。

三、各年龄班的幼儿美术欣赏的特点

（一）小班幼儿欣赏特点

小班幼儿注意力稳定性较差，不能长时间集中于一点，教师在该环节要调动幼儿多种感官参与其中，比如可以观看、模仿、表达、联想等，通过设计好的引导语，引导幼儿有意地观察。同时，小班幼儿的注意广度也比较窄，欣赏图片时往往容易忽略边缘和背景部分，只注意到中心形象或自己感兴趣的内容。所以教师应设计好语言提示，引导幼儿注意到更多的对象。

（二）中班幼儿欣赏特点

中班幼儿的注意力较小班幼儿有了进一步的发展，在适宜条件下注意力集中时间可达十分钟左右，不仅可以自觉地集中注意某一对象，还可以同时注意几种对象，表现出一定的注意力分配能力。因此，教师可以把更多精力放在指导幼儿对作品的直接感知体验上。

（三）大班幼儿欣赏特点

大班幼儿已经能注意到作品的细节和衬托部分，理解事物之间的空间关系和因果关系，把握对象整体。在欣赏过程中，教师要尽可能地发挥幼儿的观察力、艺术想象力和语言表达能力，帮助其形成对作品的整体直觉印象。

想一想

进行小组合作，查阅资料，分析《星空》的特点。

四、美术欣赏活动的教学方法

1. 谈话法

幼儿由于注意力范围和持续时间有限的特点，对作品的感知多停留在内容上，往往忽略了对作品形式的关注。因此，教师可以利用谈话的方式，提出问题如“你看到了什么？有哪些线条和图案？”，引导幼儿观察。

2. 表演法

幼儿具有好动、好奇的特点，喜欢用动作表达感受。比如中班幼儿在欣赏作品《拾穗者》时，可以先让幼儿表演与主题相关的游戏，让幼儿体验拾穗的过程，反复感受弯腰、拾起动作，从中体验作品中劳动者的感受。

3. 配乐法

教师可以为作品配乐，引导幼儿感受作品的氛围。如欣赏徐悲鸿的《群马图》时，为幼儿播放乐曲《赛马》和《紫竹调》，引导幼儿感受热烈奔放的情感。

4. 游戏法

游戏法是指利用游戏引导幼儿在有趣的活动中感知作品特征。如在欣赏一些作品之后，可以组织幼儿进行“找朋友”的游戏，把风格相似或相同的作品配对；还可以把美术作品制成拼图，引导幼儿在拼图过程中感知作品。

5. 故事创编法

教师请幼儿欣赏作品，然后围绕作品创编故事，以加深幼儿对所欣赏作品的形式、内涵等的感受，提升幼儿的创造想象力和语言表达能力。

6. 评价作品法

当幼儿创作完作品后，教师可以将作品进行展览，并组织幼儿欣赏其他人的作品，挑出自己最喜欢的作品并说说自己的看法。这样便于幼儿把对名画的欣赏经验迁移到对同伴和自己作品的欣赏中，萌发幼儿的自豪感和成就感。

7. 观察比较法

观察比较法是教师引导幼儿观察、评价不同作品的表现手法、形式和风格的一种教学方法。比如在欣赏中国古塔时，教师可以引导幼儿对不同质地的古塔进行比较，引导幼儿仔细观察并发现其造型上的差异。

想一想

结合《星空》的特点和大班幼儿欣赏能力，请选择适当的方法帮助幼儿理解作品、欣赏作品。

五、美术欣赏活动的设计步骤及要求

（一）活动目标

根据《刚要》和《指南》的精神，结合幼儿园小、中、大班幼儿的年龄特点，设计幼儿园美术欣赏活动的发展目标，见表5-16。

表5-16 美术欣赏活动发展目标

年龄班	目标
小班	1. 喜欢参与美术欣赏活动，体验欣赏活动的快乐 2. 喜欢观看花草树木、日月星空等大自然中美的事物
中班	1. 在欣赏自然界和生活中美的事物时，关注其色彩、形态等特征 2. 欣赏艺术作品时会产生相应的联想和情绪反应
大班	1. 乐于收集美的物品或向别人介绍所发现的美的事物 2. 愿意和别人分享、交流自己喜爱的艺术作品和美感体验

想一想

结合《星空》的特点和大班幼儿的年龄特点设计本次活动的活动目标。

（二）活动准备

活动准备一般包括经验准备和物质准备两部分内容。

1. 经验准备：幼儿在欣赏作品之前已具备相关的知识和经验。
2. 物质准备：完成本次活动需要准备的教具、学材、环境创设等。

（三）活动过程

在教学活动过程的设计中，教师要根据幼儿和作品的特点，围绕教学目标进行设计。过程中教师要关注到美术欣赏的四个层次，即感觉层次、理解层次、表现层次、创造层次。

1. 激发兴趣

教师可以运用图片、游戏、儿歌等幼儿感兴趣的方式，激发幼儿欣赏作品的兴趣，进而引出本次欣赏活动的内容。

2. 感知理解作品

该环节，教师引导幼儿描述对作品的第一印象，鼓励幼儿自由表达对作品的整体感受。在幼儿自由表达时教师不要急于评价，要学会倾听；在幼儿忘词、卡顿时教师可以给予一定的提示，或者耐心等待幼儿自己理清思路后再进行讲述。

3. 分析作品

在幼儿初步感知作品后，教师要带领幼儿对作品的美的形式要素进行深入分析，引导幼儿发现和识别美术作品中点、线、形、色等形式要素的存在及其特征，使幼儿对美术作品建立更加全面、精细和深刻的认识。同时，还要带领幼儿分析作品表现的美的形式、作品的意义等，如造型、色彩、构图等形式语言以及对称、均衡、节奏、韵律、变化、统一等构成原理的应用。

4. 表现和创造

教师引导幼儿创设情景，鼓励幼儿运用动作模仿、角色扮演、情景塑造和虚拟想象等多种方法对美术作品进行再体验和再创造。美术欣赏活动的组织实施必须依据幼儿在美术欣赏感知和理解方面的特点，遵循幼儿园各年龄班美术欣赏活动的设计要点来进行。当然，由于具体实施的过程充满了各种不确定的因素，且受制于主客观条件的影响，所以教师不能过于拘泥上述规定，而要紧密结合实际情况灵活进行。

5. 评价作品

评价幼儿创造的作品，给予幼儿鼓励，引导幼儿描述自己的作品，并帮助其进行完善。

想一想

结合《星空》的特点，思考如何引导幼儿分析作品？

（四）活动延伸

为了保持教学活动的完整性、连贯性，激发幼儿继续探索学习相关内容，教师可以将活动延伸到户外活动、区域活动、家庭或社会活动中。

活动设计

根据案例情景、任务以及学习新知，尝试完成本次活动设计。围绕教学目标、幼儿兴趣和年龄特点完成活动准备、活动过程和活动延伸的设计。在完成设计以后，结合美术欣赏活动设计评价表（见表5-17）进行自评和互评，并提出修改意见，完善设计。

表5-17　美术欣赏活动设计评价表

评价项目	评价内容	自评与他评
活动目标	1. 目标围绕欣赏对象特点和幼儿欣赏水平进行设计 2. 目标表述准确，涵盖知识、技能、情感三个维度	☆☆☆☆☆
活动准备	1. 活动准备包括经验准备和物质准备两个部分 2. 环境、材料要适宜，在最大程度上支持和满足幼儿的欣赏和表现	☆☆☆☆☆
活动过程	1. 活动过程要突出重难点 2. 活动过程体现激发兴趣、感知理解作品、创造和评价作品等环节 3. 设计结构严谨，层次清楚，环节衔接流畅 4. 过程设计详细，体现教师教学的方法和意图，并为各个环节设置关键引导语	☆☆☆☆☆
活动延伸	1. 延伸活动可以对课堂教学内容进行广度或深度上的拓展 2. 活动延伸符合幼儿的兴趣需要	☆☆☆☆☆

模拟教学

在组织教学中，教师要鼓励幼儿自由表达自己对作品的整体感受，引导幼儿围绕主题分析作品美的形式要素，鼓励幼儿进行创作。结合美术欣赏活动组织评价表（见表5-18）进行评价。结合评价内容，完善设计。

表5-18　美术欣赏活动组织评价表

评价项目	评价内容	自评与他评
活动准备	1．材料在最大程度上支持和满足幼儿学习、探索、操作的需要 2．环境创设符合教学内容	☆☆☆☆☆
情景导入	选择恰当的方法，激发幼儿对作品的兴趣	☆☆☆☆☆
主体部分	1．教态亲切、自然，语言简练规范、生动、富有感染力，易于幼儿理解 2．活动组织有序，层次清晰，重点突出，节奏张弛有度，时间安排合理 3．鼓励幼儿自由表达对作品的整体感受，注意倾听 4．引导幼儿发现和识别美术作品中点、线、形、色等形式要素的存在及其特征 5．带领幼儿对作品再次进行整体感受，引导幼儿加深对作品的理解 6．引导幼儿理解作品的同时，鼓励幼儿大胆表现作品 7．教师要关注到不同能力幼儿	☆☆☆☆☆
结束部分	自然流畅，能够帮助幼儿了解本节课所需掌握的知识，同时激发幼儿继续学习、继续探索的兴趣	☆☆☆☆☆

拓展任务

拓展任务一：大班美术欣赏活动“躲进世界的角落”

作品《躲进世界的角落》是一本画册，里面展现的是儿童在面对大人世界时的心情和反映方式，生动、准确的展现了儿童的内心世界。画面中鲜明亮丽的色彩、夸张独特的造型和构图，作品人物的动态以及这一动态所传达出的人物的心情等，值得幼儿欣赏和学习，同时感受画面传达出来的童趣和美。本次活动的欣赏重点是色彩与构图风格特点及画家创作思路。

拓展任务二：大班美术欣赏活动“唐装”

唐装是我们国家特有的民间服饰，它款式独特，颜色艳丽，蕴涵着美好的意义。在民族文化共享的今天，唐装也走上了世界文化的行列，深受大家的喜爱，是我国传统民族文化中一颗璀璨的明珠。大班幼儿对成人的衣着打扮有着强烈的好奇心。所以我们选择了“唐装”作为大班美术欣赏活动的主题，让幼儿在活动中欣赏、感受唐装的独特之美和美好寓意，激发幼儿爱祖国、爱家乡的情感。

案例分享

【案例5-6】 幼儿园美术活动设计

活动名称	名画欣赏《梦》 大班 美术欣赏活动
活动目标	1．乐于在欣赏活动中调动自己的各种感官进行体验，发现美、感受美、丰富美 2．感受美术作品中线条与色彩带来的不同体验，增加幼儿对色调的认识和理解 3．在想象与创编的过程中发展创新的思维能力和语言水平
活动准备	1．经验准备：幼儿对画感兴趣，并具备基础的观察和描述能力 2．物质准备：多媒体课件《梦》、幼儿作画工具若干、舒缓的音乐、半成品范例两幅
活动过程	（一）出示毕加索的作品《梦》，激发兴趣 师：有一个国家叫西班牙，那儿有一个大画家名字叫毕加索，今天，我们一起来看看他的一幅画 （二）赏析作品，感受作品 1．初步欣赏，了解画上的内容 师：画家画了一位什么人？（阿姨）你从哪里看出来的？（项链、长头发、衣服、乳房……）她在做什么？（点击鼠标，出现作品《梦》） 2．结合音乐，学做动作，感受作品的意境 师：闭上眼睛，听着音乐，我们一起来学一学画上的阿姨。我困了，这儿有个红色的沙发，软软的好舒服，坐在上面，身体也变得软软的，很松很松，我就睡着了…… 师：刚才我们学画上的阿姨，你有什么感觉？ 小结：听着舒缓的音乐把我们的内心变得很宁静，身体也很放松，感觉很舒服 （三）感受美术作品中线条与色彩带来的不同体验 1．感受线条 师：现在我们来看看画家是怎么样画这幅作品的，先来看一看画中的构线。这些线条看起来怎么样？（柔软、圆滑的曲线）（引导幼儿用动作表示线条）把我们自己变成一条线，用肢体动作表示圆滑的曲线。你有什么感觉？ 小结：当我们用身体来表示圆滑的曲线的时候，我们的身体也变得软软的、松松的，身心都很放松 2．感受色彩 师：看完了构线，现在我们来看看画中的涂色。这幅画上什么颜色最多？（红色和黄色）看到红色和黄色，你想到了什么？（花园、草地、沙漠……）这两种颜色给你什么感觉？（暖洋洋的） 小结：红红的、软软的沙发，衬托出阿姨粉红色的手臂，画家把它画得大大的，主要用了红色和黄色两种暖色的调子，给我们一种很放松、很舒服、很高兴、很暖和的感觉 “师：你觉得阿姨会梦见些什么呢？（引导幼儿相关讨论） 小结：你们的眼睛可真亮，真会动脑筋，通过看画面的色彩就能知道阿姨梦到的东西，真棒！ （四）启发幼儿作画，并给予一定的引导鼓励 师：小朋友，阿姨还梦见了什么？比如她在阳台的月光下，或者在绿色的花园里，不同环境的背景色彩给我们的感觉不同，请你也来试试看，把阿姨梦到的东西用一些线条勾画出来，然后用蜡笔给它涂上漂亮的色彩 小结：对于没有构思好的幼儿，帮助其找思路；对于不太敢表现的幼儿，鼓励其大胆表现。通过表扬提示幼儿大胆使用色彩，涂画背景 （五）作品评价 展示幼儿的作品，请幼儿通过色彩等方面的感知，猜猜别人画的是什么，并请个别幼儿讲讲自己的作画意图
活动延伸	在美工区投放材料，进一步培养幼儿运用色调进行表现的兴趣和能力

任务七　手工活动的设计与组织——中班撕纸活动“蝴蝶”

【学习目标】

1．了解小、中、大班手工教育目标。

2．掌握幼儿园手工活动的类型和组织的方法。

3．掌握幼儿园手工活动的设计步骤。

4．能模拟组织幼儿园的手工活动。

案例情景

幼儿从小就喜欢撕纸，当他们发现通过自己的双手可以改变纸的形状和发出撕纸声响时，会感到欢乐和惊喜，故而乐此不疲。手工活动恰恰符合幼儿的天性，反应幼儿的本质，通过手工活动能生动形象的表现客观事物，促进幼儿思维和肌肉等方面的发展。而最近中班幼儿学习了歌曲《蝴蝶飞》，对蝴蝶已经有了一些认识，并且很喜欢这个小昆虫。

提出任务

请结合情景内容，围绕中班幼儿的年龄特点，完成中班撕纸活动“蝴蝶”的设计，帮助幼儿初步学习使用撕纸的方式，表现蝴蝶的身体结构和明显的特征。同时学习从正方形撕出三角形的方法，复习巩固撕纸的技巧。

学习新知

一、手工活动的类型

1．粘贴活动

在小班的粘贴活动中，一般需要教师事先准备好各种纸材，并在准备好的纸张上画好某种形象的轮廓，之后幼儿根据教师给出的形象进行粘贴练习。活动重点在于指导幼儿如何使用胶水涂抹。而在中、大班往往是由幼儿经过想象粘贴成自己喜欢的作品，活动的重点在于启发幼儿构思主题，展开丰富的想象力。

2．撕纸活动

撕纸活动可以锻炼幼儿双手的控制能力。撕纸的方法包括按折痕撕、按轮廓线撕、折叠撕、自由撕等。活动中教师应明确要求幼儿所撕的物像，尽量保证外形简略、特征明显、生动有趣。让幼儿随意撕纸后，还可以根据所撕的形象引导其进行想象，发展幼儿的想象力。教师指导时，应重点关注幼儿是否按活动要求撕出对应形象，并且引导幼儿注意撕纸的方法。

3．折纸活动

折纸活动取材方便，一切便于幼儿安全操作的薄型纸材均可作为折纸材料使用。折纸的基本技法有很多，折纸活动的内容要按照由浅入深、由易到难的顺序安排，并针对幼儿的年龄特征予以指导。

4. 泥塑活动

幼儿园手工活动材料丰富，泥材是主要材料之一，包括彩泥、纸黏土、陶泥等多种材质。各种泥材均具有柔软、可塑性等特征。泥塑是通过多种技法对泥材进行塑形，成型后可分为浮雕和圆雕两种形式。

5. 废旧材料制作活动

在废旧材料制作活动前，教师首先要熟悉材料的基本特征，了解材料的特征适合表现哪些主题形状，以及需要哪些辅助工具等。制作开始时教师需要和幼儿一起搜集废旧材料，在区域或自由活动时提供给幼儿自由摆弄这些材料的机会，引导幼儿观察、了解材料的特征，以及如何利用、适合表现哪些物体等。引导幼儿利用现有生活经验、查看书籍等渠道，思考、分析所要制作事物的形象特征，帮助幼儿将感性经验进一步升华。同时，要给幼儿提供多样的操作工具和材料，引导幼儿进行创作。

二、手工活动中常用的工具、材料及用法

1. 两种工具

（1）平面造型工具：剪纸所需的剪刀；染纸所需的盛水的器皿；粘贴所需的胶水、笔、刀、双面胶、垫板等。

（2）立体造型工具：折纸所需的剪刀、垫板、订书机；泥工所需的刀、木片、压花工具、泥塑工具等；编织所需的刀、尺、针线、引渡针；布艺所需的刀、针线、订书机等。

2. 四类材料

（1）点状材料主要用于作品形成后的装饰，如珠子、纽扣、果仁、瓶盖、豆子、石子、沙子等，可通过串联、拼贴、镶嵌等方法制作成平面和立体的作品。

（2）线状材料主要有绳子、线、字条、吸管、树枝等，可通过编织、盘绕、拼贴、插接等方法制作成平面和立体作品。

（3）面状材料主要有塑料片、纸、纸盘、布、花瓣、木板、树叶等，可通过撕、剪、折、卷、粘贴等方法制作成平面和立体作品。

（4）块状材料主要有各种材质的盒子、瓶子、球体，以及水果、蔬菜、泥块、石块、纸杯等，可通过塑造、雕刻、组合、挖、剪、拼接等方法制作成立体作品。

三、手工活动的设计步骤及要求

（一）活动目标

在幼儿园美术教育总目标的指导下，制定幼儿园小、中、大班手工活动的目标，见表5-19。

表5-19　手工活动发展目标

年龄班	目标
小班	1. 喜欢用捏泥、手工制作等方式表现自己的所见所想 2. 能运用捏泥、手工制作等表现自己观察到或想象的事物
中班	1. 喜欢用捏泥、手工制作等方式表现自己的所见所想 2. 能运用捏泥、手工制作等表现自己观察到或想象的事物
大班	1. 能用多种工具、材料或不同的表现手法表达自己的感受和想象 2. 手工活动中能与别人相互配合，也能独立完成 3. 能自编自演故事，并为表演制作简单的服饰、道具或布景 4. 能用自己制作的手工作品布置环境、美化生活

想一想

结合中班幼儿手工活动的特点，设计本次撕纸活动的目标，并确定重点和难点。

（二）活动准备

活动准备一般包括经验准备和物质准备两部分内容。

1．经验准备：幼儿在参与本活动之前已经掌握的相关知识或具备的经验。比如手工活动前，幼儿对手工制作的材料及其使用方法已有一定的了解。

2．物质准备：完成本次活动需要准备的教具、学材、环境创设等。美工活动中教师准备的材料要尽可能的充分。

（三）活动过程

1．创设游戏情景，激发幼儿大胆创作的欲望

有效开展手工活动，需要教师做到寓教于乐，使活动过程生活化、游戏化。游戏情景的创设，有助于幼儿自然进入活动主题中，激发幼儿参与活动的欲望。例如在手工活动“京剧脸谱”中，教师在活动室周围展示各种角色脸谱，组织幼儿参观“京剧大戏院”并欣赏和试戴一些常见的京剧脸谱，同时引导幼儿了解其特点及其所表达的不同角色性格，然后让幼儿选择设计一个自己喜爱的京剧脸谱。通过游戏氛围的营造，激发幼儿主动参与艺术活动的欲望。

2．探索手工制作的材料和制作方法

教师可以通过示范引导幼儿学习，也可以通过出示成品、流程图等引导幼儿探究制作方法。在教学设计中，教师要尽可能地调动幼儿学习的兴趣，通过准确的示范和生动的讲解，引导幼儿熟悉材料、制作方法等。手工活动特别是折纸等活动，教师的讲解十分重要。教师的讲解示范速度要根据幼儿的反应来控制，对较难的环节要用幼儿能够理解的语言反复重点讲解，操作环节要让每个幼儿都能看得清楚。

3．幼儿制作

引导幼儿自己尝试制作，教师根据幼儿的情况进行指导。在观察幼儿制作的过程中教师要及时地发现问题，针对性地启发幼儿解决问题，鼓励幼儿大胆创作。

4．展示、评价作品

教师应妥善处理幼儿的作品，既是对幼儿能力的一种肯定，也能影响幼儿对自我作品的认可。该环节，教师可以请幼儿展示自己的作品，介绍自己的作品，也可以把幼儿的作品集中起来进行展览。

想一想

结合活动目标，通过合作讨论确定活动过程设计的思路，基本确定活动的各个环节以及每个环节的设计思路。

（四）活动延伸

为了保持教学活动的完整性、连贯性，激发幼儿继续探索学习相关内容，教师可以将

活动延伸到户外活动、区域活动、家庭或社会活动中。

活动设计

根据案例情景、任务以及学习新知，完成活动准备、活动过程和活动延伸的设计。在完成设计以后，结合手工活动设计评价表（见表5-20）进行自评和互评，并提出修改意见，完善设计。

表5-20　手工活动设计评价表

评价项目	评价内容	自评与他评
活动目标	1. 目标符合幼儿年龄特点，突出活动重点 2. 目标表述准确	☆☆☆☆☆
活动准备	1. 活动准备包括经验准备和物质准备两个部分 2. 环境、材料要适宜，在最大程度上支持和满足幼儿的欣赏和表现，适合幼儿操作	☆☆☆☆☆
活动过程	1. 活动导入要能够激发幼儿的兴趣 2. 活动过程体现激发兴趣、幼儿学习制作、作品合理处理等环节 3. 设计结构严谨，层次清楚，环节衔接流畅 4. 过程设计详细，体现教师教学的方法和意图，并为各个环节设置关键引导语	☆☆☆☆☆
活动延伸	1. 延伸活动可以对课堂教学内容进行广度或深度上的拓展 2. 活动延伸符合幼儿的兴趣需要	☆☆☆☆☆

模拟教学

在进行模拟教学前，结合幼儿园教学的实际工作要求做好活动前的准备工作。通过录制视频、文字记录等方式，真实记录教学过程。结合手工活动组织评价表（见表5-21），针对模拟教学中存在问题进行修正，提升教学组织能力。

表5-21　手工活动组织评价表

评价项目	评价内容	自评与他评
活动准备	1. 材料在最大程度上支持和满足幼儿学习、探索、操作的需要 2. 环境创设符合教学内容	☆☆☆☆☆
情景导入	激发幼儿的兴趣	☆☆☆☆☆
主体部分	1. 教态亲切、自然 2. 语言简练规范、生动、富有感染力，易于幼儿理解 3. 活动组织有序，层次清晰，重点突出，节奏张弛有度，时间安排合理 4. 能够实现预设活动目标，引导幼儿感受手工作品艺术的同时，鼓励幼儿大胆创作，大胆表现作品 5. 教师要关注到不同能力的幼儿	☆☆☆☆☆
结束部分	自然流畅，能够帮助幼儿了解本节课所需掌握的知识，同时激发幼儿继续学习、继续探索的兴趣	☆☆☆☆☆

拓展任务

拓展任务：小班手工活动“棒棒糖”

小班幼儿认知的特点决定了其认知活动基本上需要在行动过程中进行。小班幼儿注意力不够集中，观察的目的性较差，缺乏顺序性和细致性，不会有意识地识记某些事物，只有那些形象鲜明、具体生动、能引起强烈情绪的事物才能够吸引小班幼儿的注意。所以，小一班教师准备设计一次泥工活动，引导幼儿制作棒棒糖。不仅在认识颜色、发展小手精细动作、锻炼肢体协调能力等方面对幼儿有帮助，还能帮助幼儿学会两手协调地揉搓橡皮泥，并学会在球体上安装小棒。

案例分享

【案例5-7】 手工活动设计

活动名称	好玩的青蛙　大班　手工活动
活动目标	1．认识青蛙的身体结构，喜欢参与折纸活动 2．掌握沿虚线向下折、向上折的折法 3．能够大胆介绍自己的作品，分享制作过程中有趣的事情
活动准备	1．经验准备：幼儿已经学会看一些简单的示意图进行折纸 2．物质准备：青蛙折纸每人一份，示意图纸每人一份，双面胶，在墙面布置“大池塘”，背景音乐等
活动过程	（一）猜谜语激发兴趣 师：今天老师请小朋友猜个谜语：白肚皮，大嘴巴，身穿绿衣四条腿，爱唱爱跳呱呱呱，田间捉虫我第一。请你猜猜我是谁？（青蛙）夏天田间到处都能看到青蛙，小朋友们想不想自己动手做一只青蛙呢？ （二）观看图片，了解青蛙外形特征 师：（出示青蛙图片，引导幼儿观察）青蛙长什么样？跳起来是什么样子？我们一起来模仿青蛙跳吧！ 小结：青蛙四条腿，大嘴巴，绿衣裳，白肚皮；前面两条腿，后面两条腿 （三）教师示范折法 1．出示折好的青蛙作品，激发兴趣 2．结合图纸，讨论如何制作 师：现在老师把图纸发给大家，看着图纸，我们一起来讨论一下如何制作这么栩栩如生的青蛙 小结：教师结合幼儿的意见，带领幼儿一起总结剪纸和折纸的方法 3．幼儿尝试折纸 教师把材料发给幼儿，请幼儿自己完成作品，教师可以根据幼儿的制作情况进行指导。鼓励幼儿相互学习，合作完成任务 （四）分享展示幼儿作品 1．教师请幼儿展示自己的作品，并说一说在这个过程中发生了什么有趣的事情，制作的过程是什么样的，引导幼儿分享交流和倾听 2．教师请幼儿将自己的作品有序地贴在墙面的“池塘”里。请幼儿在活动结束后继续探讨，可不可以折一些其他动物放在池塘里 （五）游戏青蛙跳，结束活动 引导幼儿寻找身边的同伴进行比赛，比一比谁的青蛙跳得远
活动延伸	在手工区投放彩纸，请幼儿继续探索学习折纸

参 考 文 献

[1] 方富熹，齐茨．中澳两国儿童社会观点采择能力的跨文化对比研究[J]．心理学报，1990（4）：22-33．

[2] 董旭花．延伸活动往哪延伸[J]．幼儿教育，2006（7）：19．

[3] 韩进之，杨丽珠．我国学前期儿童自我意识发展初探[J]．心理发展与教育，1986（3）：2-13．

[4] 刘丽娟．以幼儿人际交往为核心的社会与情绪学习课程实践研究[D]．上海．上海师范大学，2017．

[5] 黄川芹．浅议幼儿人际交往能力影响因素、现状及对策[J]．教育现代化，2018，5（33）：300-301．

[6] 季奎奎．幼儿园科学教育内容的构建研究[D]．福州．福建师范大学，2012．

[7] 许卓娅．打击乐器演奏活动[M]．南京：南京师范大学出版社，2009．

[8] 马韶华．幼儿园音乐教学中打击乐活动的组织[J]．宁夏教育，2016（1）：7-8．

[9] 万磊．浅谈幼儿打击乐教学活动指导策略[J]．黄河之声，2018（10）：95．

[10] 王志明．学前儿童科学教育[M]．南京：南京师范大学出版社，2001．

[11] 杨旭，杨白．幼儿园教育活动设计与指导：综合版[M]．2版．上海：复旦大学出版社，2016．

[12] 王晓樊．我国幼儿园科学课程资源开发利用的研究综述[J]．基础教育研究，2013（11）：57-59．